EXTRAIT DU CATALOGUE GÉNÉRAL
De la Librairie de Pitois-Levrault et Cie,
ÉDITEURS DE L'ÉCHO DES ÉCOLES,
Journal de la Société d'Émulation,
ET DE L'ANGE GARDIEN.

Maître Pierre, ou le Savant de Village,
39 vol. in-18, fig.,

1 Entretiens sur la physique; par C. P. Brard. 40 c.
2. — Sur l'astronomie, par Lemaire; avec planches. 40 c.
3. — sur l'industrie; par C. P. Brard. 50 c.
4. — sur la mécanique, par A. Pénot; avec beaucoup de fig. 60 c.
5. — sur l'histoire; par M. L. H. 60 c.
6. Histoire des français; par A. L. Buchon. 60 c.
7. Entretiens sur la chimie; par A. Pénot. 40 c.
8. — sur le calendrier; par Bœckel et A. L. Buchon, avec planches. 90 c.
9. — sur l'éducation; par Mæder. 40 c.
10. — sur la langue française; par L. M. C. 40 c.
11. — sur la géographie; par Saint-Germain, avec cartes. 1 fr.
12. — sur la géographie de la France; par le même, avec cartes. 1 fr.
13. — sur la musique; par Le Dhuy. 50 c.
14. — sur les préjugés populaires; par Mæder. 50 c
15. — avec ses petits amis; par X. Marmier.
16. — sur l'art de bâtir à la campagne; par C. P. Brard. 40. c.
17. — sur Franklin; par Saint Germain. 60 c.
18. — sur la physiologie; p. le dr Cerise. 50 c.
19. — sur la botanique; par le prof. Fée, avec planches. 90 c.
20. — sur l'hygiène; par le Dr Chambeyron. 50 c.
21. — sur la géométrie; par le P. Sarrus: avec figures. 80 c.
22. Entretiens sur les animaux domestiques; par le Dr Lacauchie. 40. c.
23. Notions sur l'agriculture; par V. Rendu. 60 c.
24. Entretiens sur les inventions utiles; par Saint Germain. 60 c.
26. — sur la navigation: par L. M. G., avec fig. 60 c.
26. Éléments de géologie: par M. 60 c.
27. Entretiens sur les voyages de découvertes: par Saint Germain, avec cartes. 1 fr.
28. — sur l'histoire de la révolution française; par le même. 1 fr.
29. — sur la morale; par Delcasso. 50 c.
30. — sur la zoologie; par le prof. Fée. 90 c.
31. — sur les animaux venimeux et les végétaux nuisibles. 60 c.
32. — sur l'histoire ancienne; par Saint Germain, avec cartes. 1 fr.
33. — sur les mammifères; par le Dr Lereboullet, avec figures. 90 c.
34 — sur la minéralurgie; par Ysabeau. 60 c.
35. — sur les principaux personnages célèbres de la France jusqu'en 1790; par L. M. C. 60 c.
36. — sur les oiseaux; par le professeur Fée, avec figures. 90 c.
37. — sur l'hist. du moyen âge; par St. Germain. 1 fr. 25 c.
38. — sur le système métrique; par Bonnaire. 50 c.
39 — sur les plantes utiles à l'homme; par Millot. 75 c.

Contes pour les Enfants, par M. le chanoine Schmid.
24 vol. in-18, br. 9 fr., 60 c., cart. 12 fr.

Agnès ou la petite joueuse de luth.
Le bon Fridolin; 2 vol.
La Colombe suivie du Serin et du Ver luisant.
Contes dédiés à l'adolescence; tome 1er.
La Corbeille de fleurs.
La Croix de bois, suivie de l'Enfant perdu et de la Chapelle de la forêt.
Fernando.
La Guirlande de houblon.
Histoire de Geneviève de Brabant.
Histoire de Henri de d'Eichenfels.
Théophile.
Ludovico.
Les Œufs de Pâques.
Petits Contes.
Nouveaux petits Contes.
Sept petits Contes.
Le petit mouton.
Rose de Tannenbourg.
Petit Théâtre.
La Veille de Noël.

Histoires de l'Ancien Testament.
Histoires du Nouveau Testament.

Contes et Historiettes.

Chaumière (la) Irlandaise. 50 c.
Historiettes pour former le cœur et l'esprit. 50 c.
Les Saisons, contes. 4 vol. 1 fr. 50 c.
Elvire, ou l'étrangère dans sa propre famille. 40 c.
Marmier (X.). L'ami des petits enfants. 40 c.
— Choix de fables et de contes. 75 c.
— Pierre, ou les suites de l'ignorance. 40 c.
— Visites à une école de petits enfants. 50 c.
Glatz. Petits livres couleur de rose; 4 vol. 3 fr
— Minona. 60 c.
— Théona; 2 vol. 1 fr. 50 c.
— Iduna; 5 vol. 1 fr. 50 c.
— La famille Oswald. 40 c.
Krummacher. Choix de Paraboles. 60 c.
— Nouveaux choix de Paraboles. 60 c.
Neale (C.) Allégories pour la jeunesse, tirées de l'Écriture sainte, de la nature, etc. 60 c.
Voïart (Mme El.). Nouvelles Étrennes. 1 fr.

NOUVEAU TRAITÉ

D'ANALYSE GRAMMATICALE

RAISONNÉE.

Ouvrages du même auteur.

Analyse logique raisonnée, 7e édit. 1 vol. in-12 cart. 80 c.

Grammaire populaire, 69e édit. 1 vol. in-12 cart. 1 fr. 25 c.

Abrégé de la Grammaire populaire, 2e édit. 1 vol. in-12 cart. 60 c.

Le Voleur grammatical, nouv, édit., 1 vol. in-12. 2 fr.

Recueil de Discours, propres aux examens et distributions de prix; 3e édit. 1 vol. in-8°. br. 1 fr. 25 c.

Petit Théâtre des Écoles primaires, à l'usage des Écoles de garçons, 1 vol. in-18. 40 c.

Cours pratique de Cosmographie et de Géographie, 2e édit. 1 vol. in-18 cart. 90 c.

Petite Géographie populaire, 2e édit. 1 vol. in-18 cart. 60 c.

Lectures morales et récréatives, 2e édition, 1 vol. in-12 cart. 90 c.

Grammaire des Écoles primaires supérieures, 3e édit. 1 vol. in-12 br. 1 fr. 75 c.

Résumé de l'Histoire de France, 3e édition, 1 vol. in-12 cart. 1 fr. 25.

Nouveau Dictionnaire français, d'après l'Académie, 1 vol. gr. in-32, nouv. édit. 1 fr. 25 c.

Art d'enseigner la langue française, 1 v. in-12 cart. 1 fr. 75 c.

Leçons graduées de Lectures manuscrites. 1 volume in-12 cart. 75 c.

Les Pourquoi et Parce que de la langue française. 1 vol. in-18. 1 fr. 50 c.

Complément des études de la langue française, ou rhétorique des écoles primaires. 2e édit., partie du maître, 1 vol. in-12. 1 fr. 75. — Partie de l'élève. 1 fr.

Le Manuel des Écoles primaires. 1 fort v. in-12 cart. 1 fr. 75 c.

Indspensable des Écoles primaires. 1 fort v. in-12 cart. 2 fr. 25 c.

Vocabulaire de la langue française, indiquant la prononciation quand elle est irrégulière, précédé de la liste des locutions vicieuses les plus répandues; 2e éd. 1 vol. in-12 cart. 75 c.

NOUVEAU TRAITÉ
D'ANALYSE GRAMMATICALE
RAISONNÉE,

MISE A LA PORTÉE DES COMMENÇANTS,

Ouvrage théorique et pratique, calqué sur le Système des Écoles Modèles; admis dans les meilleures Institutions de la Capitale; contenant : 1° les Règles de l'art de l'Analyse; 2° des Exercices adaptés à ces règles; 3° un grand nombre de Devoirs gradués sur l'Orthographe française;

PAR CH. MARTIN,

Auteur du Manuel des Ecoles primaires, Membre de l'Athénée de Paris et de la Société grammaticale.

NOUVELLE ÉDITION,

REVUE ET AUGMENTÉE.

PARIS.

PITOIS-LEVRAULT ET Cie,

RUE DE LA HARPE, 81.

1839.

Tout exemplaire non revêtu de notre griffe sera réputé contrefait et poursuivi comme tel.

Pitois-Levrault & Cie

IMPRIMERIE D'HIPPOLYTE TILLIARD,
RUE ST-HYACINTHE-ST-MICHEL, N° 30.

PRÉFACE.

Grâce aux bonnes méthodes, l'enseignement primaire fait chaque jour de rapides progrès. Nous possédons maintenant quelques grammaires vraiment méthodiques et pratiques ; mais il nous manquait encore un traité d'Analyse Grammaticale théorique et pratique, qui fût tout à fait à la portée des commençants : c'est cette lacune que nous avons entrepris de remplir en publiant cet ouvrage (*).

(*) Voyez notre *Traité d'Analyse logique raisonnée.*

L'analyse, procédant du plus facile au moins aisé, du plus simple au plus compliqué, et faisant que toujours un pas amène un autre pas, est indispensable à l'élève. En effet, comment appliquera-t-il à tel ou tel mot les règles de grammaire, s'il ignore à quelle classe appartient ce mot, et quelle est sa fonction présente dans le discours ? connaissance que peut seule lui donner l'Analyse Grammaticale. Comment pourra-t-il, s'il ignore l'Analyse Logique, donner à chacune des propositions la place qui lui convient dans la phrase qu'il construit ? enfin, comment pourra-t-il ponctuer sa phrase, s'il ne connaît pas cet art si précieux qui lui enseigne que telle ou telle proposition est principale ou incidente ; qu'elle est explicative ou déterminative ; que tel complément doit être placé entre deux virgules ? Aussi un des inspecteurs des plus éclairés de l'Université disait-il que, dans les écoles où malheureusement on ne fait point pratiquer l'Analyse Grammaticale et l'Analyse Logique, les élèves sont toujours dans la plus complète ignorance du mécanisme de leur langue maternelle, mécanisme qu'il est toujours si nécessaire de connaître et si honteux d'ignorer.

Les divers traités d'analyse publiés jusqu'à ce jour ne sont pas, selon nous, à la portée de l'enfance, et supposent dans l'élève des connaissances qu'il ne peut avoir acquises qu'en étudiant péniblement plusieurs chapitres de grammaire. Dans celui que nous donnons au public, nous nous sommes efforcés de nous mettre à la portée des commençants, et de ramener l'analyse à son véritable usage, qui est de guider la marche de l'élève en le faisant avancer continuellement, et non de le faire rétrograder sans cesse pour s'assurer qu'il n'a point erré. Nous conduisons notre élève du connu à l'inconnu; et, pour ne pas mettre de confusion dans ses idées, ce n'est qu'après qu'il a fait plusieurs analyses sur le *substantif* et sur l'*article*, que nous le faisons passer à l'*adjectif*, ne voulant point que trop de choses se présentent à la fois à son esprit. Nos leçons sont coordonnées de manière que ce que l'élève apprend se rattache naturellement à ce qu'il a appris, et qu'arrivé au bout de la carrière, il possède parfaitement l'ensemble et les détails de la grammaire; avantage d'autant plus précieux qu'il lui a fallu, pour l'acquérir, moins de temps que n'en mettent ordinairement les enfants pour apprendre de mémoire, mais sans y rien comprendre, quelques chapitres de grammaire théorique.

En publiant cet ouvrage, nous nous sommes rendus aux vœux d'un grand nombre d'instituteurs et d'institutrices, qui ont adopté notre *Manuel complet des Écoles primaires*, dont ce traité est le complément; et pour qu'il soit populaire, nous l'avons mis à un prix modique.

ANALYSE GRAMMATICALE
RAISONNÉE.

INTRODUCTION.

1. Analyser, c'est décomposer.

2. Analyser grammaticalement, c'est décomposer les phrases pour reconnaître la nature et la fonction de chacun des mots qui en font partie.

3. L'Analyse Grammaticale a deux parties : la *classification* et la *fonction des mots*.

Questions.

1. Qu'est-ce qu'analyser ? — 2. Qu'est-ce qu'analyser grammaticalement ? — 3. Combien distingue-t-on de parties dans l'analyse grammaticale ?

CHAPITRE PREMIER.

DE LA CLASSIFICATION DES MOTS.

4. Il y a quatre choses à considérer dans la classification des mots : 1° la *nature ;* 2° l'*espèce ;* 3° les *modifications ;* 4° les *accidents*.

5. Indiquer la *nature* d'un mot, c'est dire la classe à laquelle il appartient : s'il est substantif, ou article, ou adjectif, ou pronom, ou verbe, ou préposition, ou adverbe, ou conjonction, ou interjection.

6. Indiquer l'*espèce* d'un mot, c'est dire si le substantif est commun ou propre ; si l'article est simple ou composé ; si l'adjectif est qualificatif ou déterminatif ; si le verbe est d'état ou d'action (passif ou actif) ; si l'adverbe est de quantité, de lieu ou de temps, etc.

7. Indiquer les *modifications* d'un mot, c'est dire : 1o le genre et le nombre pour le substantif, l'article et l'adjectif, parce que ces trois parties du discours prennent le genre et le nombre seulement ; 2o le genre, le nombre et la personne, pour les pronoms ; 3o la personne, le nombre, le temps, le mode et la conjugaison, pour les verbes ; 4o la conjugaison seulement, pour le participe présent ; 5o le genre, le nombre et la conjugaison, pour le participe passé. La préposition, l'adverbe, la conjonction et l'interjection, étant des mots invariables, ne sont susceptibles d'aucune modification.

8. Indiquer les *accidents* des mots, c'est dire la manière accidentelle dont on les emploie.

9. Le substantif sert à désigner des êtres ; si au contraire on l'emploie pour désigner une qualité, il sort de sa nature et est employé par accident. Exemple :

Les *bêtes* ne sont pas toujours si *bêtes* qu'on le pense.
(La Fontaine.)

Dans cet exemple, le mot *bêtes* est d'abord employé comme substantif ; c'est sa destination essentielle : *bêtes* ensuite est employé comme adjectif ; c'est une destination accidentelle.

10. La destination habituelle de l'adjectif est d'exprimer une qualité ; si au contraire on l'emploie pour désigner un être, il sort de sa nature et est employé accidentellement comme substantif. Exemple : *Il faut préférer l'*UTILE *à l'*AGRÉABLE. *Utile* et *agréable*, qui sont des adjectifs de leur nature, sont employés ici comme substantifs.

11. Si vous dites : *Philippe est* ROI, ici *roi* est employé comme adjectif, parce qu'il donne une qualité à *Philippe* ; mais si vous dites : *Le* ROI *Philippe*, ici *roi* est substantif. Dans : *Ces fleurs*

sentent bon, ici l'adjectif *bon* est employé accidentellement comme adverbe.

12. La destination du verbe est de marquer l'état des personnes et des choses, ou l'action qu'elles font ; si on l'emploie comme substantif, il quitte la classification habituelle pour en prendre une autre accidentelle. Exemple : *J'ai reconnu cet homme à son* MARCHER. Ici *marcher* est employé comme substantif. On dit le *boire*, le *manger*, pour la *boisson*, la *nourriture*.

Questions.

4. Que doit-on considérer dans la classification des mots ? — 5. Qu'est-ce qu'indiquer la nature d'un mot ? — 6. Qu'est-ce qu'indiquer l'espèce d'un mot ? — 7. Qu'est-ce qu'indiquer les modifications d'un mot ? — 8. Qu'est-ce qu'indiquer les accidents des mots ? — 9. Le substantif ne peut-il pas être employé accidentellement comme adjectif ? — 10. L'adjectif ne peut-il pas être employé accidentellement comme substantif ? — 11. L'adjectif ne peut-il pas être employé comme adverbe ? — 12. Le verbe ne peut-il pas être employé comme substantif ?

Modèles et Exercices d'Analyse (*).

	Nature des mots.	Espèce des mots.	Modification des mots.
Le	article	simple,	masculin singulier.
général.	substantif	commun,	masc. sing.
La	article	simple,	fém. sing.
ville.	substantif	commun,	fém. sing.
Les	article	simple,	plur. des deux genres.
rois.	substantif	commun,	masc. plur.
La	article	simple,	fém. sing.
princesse.	substantif	commun,	fém. sing.
Les	article	simple,	plur. des deux genres.
montagnes.	substantif	commun,	fém. plur.

(*) Le Maître fera souvent les questions suivantes : — *Qu'est-ce qu'indiquer la* nature *d'un mot ? — Qu'est-ce qu'indiquer l'espèce d'un mot ? — Quelles sont les* modifications *du substantif, de l'article, de l'adjectif, du pronom, du verbe, etc. ?*

Analysez de même : Le bœuf. La vache. Les chiens. Le loup. La perdrix. Le jardin. La maison. Les campagnes. Le marteau. Les forêts. La table. Les fruits. Le panier. Le musicien. Le duc. Les cardinaux. Les reines. Le prêtre. Les églises. Le pape. Le berger. Les généraux. Les armées. Le peintre. La femme. Les enfants. Les plumes. Le magistrat. Les meubles. La religion. Les juges. Les prairies. Les terres. La justice. Les richesses. La prudence. Les vices. Les vertus. La bonté. La vigilance.

Modèles et Exercices d'Analyse sur les substantifs propres, sur les substantifs commençant par une voyelle ou un h muet, sur l'article simple ou composé.

	Nature des mots.	Espèce des mots.	Modification des mots.
Le	article	simple,	masc. singulier.
berger	substantif	commun,	masc. sing.
du (pour *de le*)	article	composé,	masc. sing.
village.	substantif	commun,	masc. sing.
Paris.	substantif	propre,	masc. sing.
La	article	simple,	fém. sing.
Seine.	substantif	propre,	fém. sing.
Turenne.	substantif	propre,	masc. sing.
L' (pour *la*)	article	simple,	fém. sing.
histoire	substantif	commun,	fém. sing.
du (pour *de le*)	article	composé,	masc. sing.
pays.	substantif	commun,	masc. sing.
L' (pour *la*)	article	simple,	fém. sing.
armée	substantif	commun,	fém. sing.
des (pour *de les*)	article	composé,	plur. des deux genres.
Pyrénées.	substantif	propre,	fém. plur.

Analysez de même : L'Amérique du Nord. Les soldats du prince. Bonaparte. Cicéron. Bossuet. Scipion. L'innocence. L'hirondelle. L'armée des Français. Les pays du midi. Le maire du village. Le maître des hommes. Le jardin des Hespérides. L'injustice des hommes. Les montagnes du Pérou. Le cardinal Richelieu. L'empereur Charlemagne. Paris, la capitale du monde, le centre des arts. L'innocence de Suzanne. François Ier, le père du peuple. Les marais du Danemark. Socrate. Virgile. Homère. Le détroit des Dardanelles. L'intention du prince Eugène. L'ami du prince. Les légumes du jardin. Les montagnes du Chili. L'humeur du roi. Le berger du troupeau. Le tambour du régiment. Le propriétaire du château. L'ami de l'enfant.

Modèles et Exercices d'Analyse sur le substantif, sur l'article et sur l'adjectif placé après le substantif.

	Nature des mots.	Espèce des mots.	Modification des mots.
Le	article	simple,	masculin singulier.
prince	substantif	commun,	masc. sing.
courageux.	adjectif	qualificatif,	masc. sing. parce qu'il qualifie *prince*, qui est du masc. sing.
L' (pour *le*)	article	simple,	masc. sing.
enfant	substantif	commun,	masc. sing.
spirituel.	adjectif	qualificatif,	masc. sing. parce qu'il qualifie *enfant*, qui est du masc. sing.
Les	article	simple,	plur. des deux genres.
louves	substantif	commun,	fém. plur.
voraces.	adjectif	qualificatif,	fém. plur. parce qu'il qualifie *louves*, qui est du fém. plur.
Rome	substantif	propre,	fém. sing.
capitale	substantif	commun,	fém. sing. employé adjectivement.
du (pour *de le*)	article	composé,	masc. sing. pour *de le*.
monde	substantif	commun,	masc. sing.
chrétien.	adjectif	qualificatif,	masc. sing. parce qu'il qualifie *monde*, qui est du masc. sing.
Les	article	simple,	plur. des deux genres.
amis	substantif	commun,	masc. plur.
désintéressés.	adjectif	qualificatif,	masc. sing. parce qu'il qualifie *amis*, qui est du masc. sing.

	Nature des mots.	Espèce des mots.	Modification des mots.
Les	article	simple,	plur. des deux genres.
événements	substantif	commun,	masc. plur.
remarquables	adjectif	qualificatif,	masc. plur. parce qu'il qualifie *événements*, qui est du masc. plur.
du (pour *de le*)	article	composé,	masc. sing. pour *de le*.
Canada.	substantif	propre,	masc. sing.

Modèles et Exercices d'Analyse sur les adjectifs placés avant le substantif.

	Nature des mots.	Espèce des mots.	Modification des mots.
La	article	simple,	fém. sing.
jolie	adjectif	qualificatif,	fém. sing. parce qu'il qualifie *fleur*, qui est du fém. sing.
fleur.	substantif	commun,	fém. sing.
Les	article	simple,	plur. des deux genres.
bons	adjectif	qualificatif,	masc. plur. parce qu'il qualifie *fruits*, qui est du masc. plur.
fruits.	substantif	commun,	masc. plur.
Les	article	simple,	plur. des deux genres.
riches	adjectif	qualificatif,	fém. plur. parce qu'il qualifie *mines*, qui est du fém. plur.
mines	substantif	commun,	fém. plur.
du (pour *de le*)	article	composé,	masc. sing. pour *de le*.
Pérou.	substantif	propre,	masc. sing.

Analysez de même : La sainte religion. Les vieillards vénérables. Les hommes sobres, laborieux. La peinture agréable. Le roi des Français. Le grand golfe de Lyon. Les prairies fleuries. Les recherches curieuses du savant Buffon. Les discours éloquents du judicieux Bossuet. Les fables du bon La Fontaine. Les montagnes élevées. Le sommeil doux, paisible. Les pluies froides, abondantes. Le fleuve rapide du Rhône. Les bords agréables du Rhin. La Loire large, profonde. Le soldat courageux. L'empereur Alexandre. Le joli jardin.

Les cœurs endurcis, corrompus. Les mauvaises plaisanteries. La sœur chérie, aimée. Les maîtres instruits, patients. Les leçons interrompues, récitées. La maison construite, commode. Les murailles ébranlées, fendues. La fleur épanouie. Le gouffre profond, effrayant. La petite fille studieuse, instruite. Les provinces ruinées, pillées. La leçon utile, récréative. Les personnes emportées et bizarres. La femme retenue, soumise. La puissance souveraine. Les célèbres professeurs. La tendre mère affligée. Le terrible Cerbère, chien des enfers. Les audacieux géants anéantis. Le beau pont rompu. La magnifique pendule brisée, rompue. Les sciences utiles, instructives. Les augustes vérités de la sainte religion.

Modèles et Exercices d'Analyse sur les adjectifs au comparatif.

	Nature des mots.	Espèce des mots.	Modification des mots.
Ernest	substantif	propre,	masc. sing.
aussi sage	adjectif	qualificatif,	masc. sing. au comparatif d'égalité.
que (*)	conjonct.	mot invariable.	
Jules.	substantif	propre,	masc. sing.
Le	article	simple,	masc. sing.
lion	substantif	commun,	masc. sing.
plus courageux	adjectif	qualificatif,	masc. sing. au comparatif de supériorité.
que	conjonct.	mot invariable.	
le	article	simple,	masc. sing.
loup.	substantif	commun,	masc. sing.
La	article	simple,	fém. sing.
fortune	substantif	commun,	fém. sing.
moins sûre	adjectif	qualificatif,	fém. sing. au comparatif d'infériorité.
que	conjonct.	mot invariable.	
la	article	simple,	fém. sing.
science.	substantif	commun,	fém. sing.

(*) Les élèves remarqueront que le mot *que* est conjonction, quand on ne peut pas le tourner par *lequel*, *laquelle*. Pour les adverbes, les prépositions, les conjonctions et les interjections, on se contentera, pour l'*espèce*, de dire : *mot invariable.*

Analysez de même : La rose plus belle que la tulipe. Le chemin plus large que beau. Alexandre plus puissant que César. Rouen moins beau que Bordeaux. Le léopard aussi féroce que le tigre. L'ignorance moins honteuse que le vice. Paris plus grand que Berlin. Le Rhône plus rapide que la Seine. La rade aussi sûre que le port. La Saône moins forte que la Meuse. Le juge aussi utile que le guerrier. La France plus peuplée que l'Espagne. Les Cévennes moins hautes que les Alpes.

Modèles et Exercices d'Analyse d'adjectifs au superlatif.

	Nature des mots.	Espèce des mots.	Modification des mots.
Le	article	simple,	masc. sing.
roi	substantif	commun,	masc. sing.
très chrétien.	adjectif	qualificatif,	masc. sing. au superlatif absolu.
La	article	simple,	fém. sing.
grammaire	substantif	commun,	fém. sing.
fort utile.	adjectif	qualificatif,	fém. sing. au superlatif absolu.
Les	article	simple,	plur. des deux genres.
enfants	substantif	commun,	masc. plur.
bien polis.	adjectif	qualificatif,	masc. plur. au superlatif absolu.
Les	article	simple,	plur. des deux genres.
sciences	substantif	commun,	fém. plur.
les plus utiles.	adjectif	qualificatif,	fém. plur. au superlatif relatif.

Analysez de même : La France très-belle. Le professeur fort savant. Les enfants bien élevés. L'Arabie fort stérile. La nuit très-obscure. Le lion très-courageux. L'Égypte très-fertile. La promenade bien agréable. Des élèves extrêmement faibles. Les plus cruels empereurs. Les terres les moins fertiles. Les actions bien méchantes. Le soleil plus grand que la lune. Les animaux fort adroits. La vertu plus utile que la science. Le port moins sûr que la rade. Les fleurs les plus fraîches. L'analyse extrêmement utile.

Modèles et Exercices d'Analyse sur le substantif, sur l'article, sur l'adjectif et sur le pronom personnel

	Nature des mots.	Espèce des mots.	Modification des mots.
Moi	pronom	personnel,	1re personne sing. des deux genres.
plus habile	adjectif	qualificatif,	des deux genres, sing. au comparatif de supériorité.
que	conjonct.	mot invariable.	
toi.	pronom	personnel,	2e personne sing. des deux genres.
Nous	pronom	personnel,	1re personne plur. des deux genres.
plus prudents	adjectif	qualificatif,	masc. plur. au comparatif de supériorité.
que	conjonct.	mot invariable.	
vous.	pronom	personnel,	2e personne plur. des deux genres.
Lui	pronom	personnel,	3e personne sing. masc.
moins savant	adjectif	qualificatif,	masc. sing. au comparatif d'infériorité.
qu' (pour *que*)	conjonct.	mot invariable.	
eux.	pronom	personnel,	3e personne masc. plur.
Elles	pronom	personnel,	3e personne fém. plur.
moins courageuses	adjectif	qualificatif,	fém. plur. au comparatif d'infériorité.
que	conjonct.	mot invariable.	
vous.	pronom	personnel,	2e personne plur. des deux genres.

Analysez de même : Lui plus instruit que toi. Elle moins paresseuse que nous. Toi plus modeste que lui. Nous aussi complaisants qu'eux. Elle aussi douce que moi. Nous plus honnêtes que vous. Lui aussi brave que toi. Elles aussi bonnes que nous. Toi moins bon qu'elle. Vous aussi instruits que nous.

Modèles et Exercices d'Analyse sur les pronoms démonstratifs et sur les possessifs (*).

	Nature des mots.	Espèce des mots.	Modification des mots.
Celui-ci	pronom	démonstratif,	masc. sing.
très content.	adjectif	qualificatif,	masc. sing. au superlatif absolu.
Celle-ci	pronom	démonstratif,	fém. sing.
fort inquiète.	adjectif	qualificatif,	fém. sing. au superlatif absolu.
Ceux-là	pronom	démonstratif,	masc. plur.
moins contents.	adjectif	qualificatif,	masc. plur. au comparatif d'infériorité.
Celles-là	pronom	démonstratif,	fém. plur.
plus satisfaites.	adjectif	qualificatif,	fém. plur. au comparatif de supériorité.
Ce	article	démonstratif,	masc. sing.
château.	substantif	commun,	masc. sing.
Ces	article	démonstratif,	plur. des deux genres.
maisons.	substantif	commun,	fém. plur.
Ma	article	possessif,	fém. sing.
robe	substantif	commun,	fém. sing.
plus jolie	adjectif	qualificatif,	fém. sing. au comparatif de supériorité.
que	conjonct.	mot invariable.	
la tienne.	pronom	possessif.	fém. sing.
Ton	article	possessif,	masc. sing.
cheval	substantif	commun,	masc. sing.
plus vif	adjectif	qualificatif,	masc. sing. au comparatif de supériorité.
que	conjonct.	mot invariable.	
le mien.	pronom	possessif,	masc. sing.

(*) J'avais fait entrer dans la classe des pronoms, les mots, *mon, ma, mes, ton, ta, tes, ce, cette, ces*, etc., et cela pour me conformer à l'usage, car je considère ces mots comme de véritables *articles*; en effet, ils en remplissent la fonction. Quand je dis : *mon chapeau, votre maison, tes livres*, n'est-ce pas comme si je disais : LE *chapeau de moi*, LA *maison de toi*, LES *livres de toi?* Plusieurs grammairiens les appellent *adjectifs possessifs*; nous nous servirons de cette dénomination. Mais nous engageons les maîtres à faire classer *ce, cette, ces*, comme des *articles démonstratifs*, et *mon, ma, ton, ta, son*, etc., comme des *articles possessifs*.

	Nature des mots.	Espèce des mots.	Modification des mots.
Mes	article	possessif,	plur. des deux genres.
connaissances	substantif	commun,	fém. plur.
moins étendues	adjectif	qualificatif,	fém. plur. au comparatif d'infériorité.
que	conjonct.	mot invariable.	
les tiennes.	pronom	possessif,	fém. plur.
Ta	article	possessif,	fém. sing.
maison	substantif	commun,	fém. sing.
plus grande	adjectif	qualificatif,	fém. sing. au comparatif de supériorité.
que	conjonct.	mot invariable.	
celle-ci.	pronom	démonstratif,	fém. sing.
Votre	article	possessif,	sing. des deux genres.
éducation	substantif	commun,	fém. sing.
plus soignée	adjectif	qualificatif,	fém. sing. au comparatif de supériorité.
que	conjonct.	mot invariable.	
la sienne.	pronom	possessif,	fém. sing.
Sa	article	possessif,	fém. sing.
robe	substantif	commun,	fém. sing.
moins belle	adjectif	qualificatif,	fém. sing. au comparatif d'infériorité.
que	conjonct.	mot invariable.	
la vôtre.	pronom	possessif,	fém. sing.

Analysez de même : Celui-ci moins bon que ceux-là. Ces dames plus spirituelles que les nôtres. Tes amis moins savants que les miens. Mon père aussi doux que le vôtre, plus patient que le sien. Cette pendule moins belle que celle-là. Ta sœur plus douce que la mienne. Ses propriétés plus vastes que celles-ci. Mes amis moins hautains que les tiens. Cette copie moins exacte que celle-là. Ces liqueurs plus fines que les vôtres. Votre cabinet moins éclairé que le leur. Tes malheurs plus grands que les siens. Celle-ci plus jolie que celle-là. Nos campagnes moins riantes que les vôtres. Vos destinées plus brillantes que les nôtres.

Modèles et Exercices d'Analyse sur les pronoms relatifs, sur les interrogatifs et sur les indéfinis.

	Nature des mots.	Espèce des mots.	Modification des mots.
Toi	pronom	personnel,	2e personne sing. des deux genres.
qui.	pronom	relatif.	sing. des deux genres et des deux nombres.
La	article	simple,	fém. sing.
femme	substantif	commun,	fém. sing.
que.	pronom	relatif,	sing. des deux genres et des deux nombres; ici, fém. sing.
La	article	simple,	fém. sing.
famille	substantif	commun,	fém. sing.
dont.	pronom	relatif,	sing. des deux genres et des deux nombres.
Le	article	simple,	masc. sing.
cheval	substantif	commun,	masc. sing.
auquel.	pronom	relatif,	masc. sing.
La	article	simple,	fém. sing.
femme	substantif	commun,	fém. sing.
à laquelle.	pronom	relatif,	fém. sing.
La	article	simple,	fém. sing.
place	substantif	commun,	fém. sing.
où.	pronom	relatif,	des deux genres et des deux nombres.
Les	article	simple,	plur. des deux genres.
hommes	substantif	commun,	masc. plur.
qui.	pronom	relatif,	plur. des deux genres et des deux nombres; ici, masc. plur.
A quel (*)	pronom	interrogatif,	masc. sing.
homme?	substantif	commun,	masc. sing.
A quelle	pronom	interrogatif,	fém. sing.
femme?	substantif	commun,	fém. sing.
On.	pronom	indéfini,	masc. sing.
Autrui.	pronom	indéfini,	masc. sing.
Chacun.	pronom	indéfini,	masc. sing.
Quelqu'un.	pronom	indéfini,	masc. sing.
Personne.	pronom	indéfini,	masc. sing.

(*) Les Elèves observeront que les pronoms interrogatifs *le quel? la quelle? du quel? au quel?* s'écrivent en deux mots; et que quand ces pronoms sont relatifs, ils s'écrivent en un seul mot.

Analysez de même : La personne qui. Les élèves que. La ville dont. Elle qui. Moi très-jeune qui. Elle que. Les charmantes personnes que. Le pays d'où. Elles qui. Les limites lesquelles. Le cheval auquel. La maison à laquelle. Quel pays? Quelle disgrâce? etc.

CHAPITRE DEUXIÈME.

DE LA FONCTION GRAMMATICALE DES MOTS.

13. Par *fonction grammaticale* des mots dans le discours, on entend l'emploi particulier de ces mots, le rôle qu'on leur assigne, la forme sous laquelle ils paraissent et la place qu'ils occupent dans la phrase.

14. Le substantif est le roi du discours, il peut figurer de quatre manières : 1° comme *sujet;* 2° comme *régime* ou *complément*, soit direct, soit indirect; 3° comme *attribut*; 4° en *apostrophe.*

15. Le substantif est employé comme *sujet* quand l'être qu'il représente est dans l'état que le verbe exprime ou quand il fait l'action marquée par le verbe. Exemples : Ernest *est indisposé :* Ernest est dans l'état marqué par le verbe *être indisposé.* Ernest *joue :* Ernest fait l'action marquée par le verbe *jouer.*

16. On reconnaît aussi le sujet d'un verbe en faisant la question *qui est...?* ou *qui fait l'action de...?* en ajoutant à la question le participe, l'adjectif ou le verbe dont on veut le sujet. Exemples : Ernest *est indisposé. Qui est indisposé?* Réponse : Ernest. Ernest *joue. Qui fait l'action de jouer?* Réponse : Ernest (*).

(*) Le Maître s'attachera à faire faire aux Élèves beaucoup d'exercices sur le sujet du verbe.

17. Le substantif est employé comme *complément*, quand il complète la signification d'un autre mot. Par exemple, quand je dis : *Nous devons*, ces mots sont incomplets, et demandent un autre mot qui complète leur signification; mais quand je dis : *Nous devons nos hommages*, ces derniers mots *nos hommages*, complétent, achèvent la signification des premiers *nous devons*; ils en sont donc le *complément*. Quand je dis : *Nous devons nos hommages à la vertu. A la vertu* est un autre substantif qui complète d'une autre manière le substantif *hommages*.

18. Il y a donc deux sortes de compléments : le complément *direct* et le complément *indirect*.

19. Le complément *direct* est l'être qui reçoit directement et sans le secours d'une préposition l'action que fait le sujet; il répond à la question *qui* ou *quoi*. Exemples : *Ernest frappe Jules*. *Ernest* fait l'action de *frapper*, et *Jules* la reçoit directement; donc *Jules* est le complément direct du verbe *frapper*. *Ernest frappe qui?* Réponse : *Jules*. *Nous chérissons nos enfants*. *Nous chérissons qui*? Réponse : *Nos enfants*.

20. Le complément *indirect* est toujours séparé du verbe par une des prépositions *à*, *de*, *pour*, *dans*, *chez*, *sur*, *contre*, *vers*, etc. Il répond aux questions *à qui? de qui? à quoi? de quoi? pour qui? pour quoi?* etc. Exemples : *J'écris une lettre à mon frère*, *J'écris une lettre à qui?* Réponse : *A mon frère*, complément indirect de *j'écris*. *Il vient de Paris*. *De Paris*, complément indirect de *il vient*. *Le palais de la reine*. *De la reine*, complément indirect de *palais*. *Nous combattons pour la gloire*. *Nous combattons pour quoi? pour la gloire*, complément indirect de *combattons* (*).

(*) Il est très-nécessaire que le Maître fasse exercer les Élèves sur les

21. Le substantif est employé comme *attribut*, quand il exprime la manière d'être du sujet, et alors il se place généralement après le verbe *être*. Exemples : *Travailler est un* PLAISIR. *Le mensonge est un* VICE *impardonnable*. On voit que *plaisir* est la manière d'être de *travailler*, et que *vice* est la manière d'être de *mensonge*. Ces deux substantifs sont placés après le verbe *être*.

22. Le substantif est employé en *apostrophe*, lorsqu'on s'adresse à la personne ou à la chose qu'il représente. Exemples :

Mon FILS, *adore Dieu, honore tes parents.*
ROCHERS, *à qui je me plains.*
ÉCHOS, *qui écoutez ma voix.*

ARBRES, *dépouillés si longtemps,*
Couronnez vos têtes naissantes;
Et, de vos fleurs éblouissantes,
Parez le trône du printemps.

On voit que, dans ce dernier exemple, le poète adresse la parole aux *arbres*.

23. La fonction de l'article est de déterminer le substantif qu'il accompagne. Il fait connaître si le substantif désigne un *genre*, une *espèce*, une *classe* ou un *objet* particulier. Par exemple, quand je dis : *les animaux, l'homme, le magistrat*, voilà des noms *différents*; le premier est un nom de *genre*, c'est l'universalité des *animaux*; le second est un nom d'*espèce*, car l'*homme* est une espèce d'animal; le troisième est un nom de *classe*, car *les magistrats* forment une classe d'hommes. Quand je dis : *l'OEdipe de Voltaire est un chef-d'œuvre*, le mot *OEdipe* désigne un objet particulier.

questions du sujet et du complément : ce travail, répété souvent, leur fera distinguer facilement le sujet d'avec le complément, et les conduira facilement à la connaissance de l'orthographe des participes.

24. La fonction de l'adjectif qualificatif est de qualifier le substantif auquel il se rapporte. Exemples : *Le soleil est brillant. La vertu est aimable. Brillant* qualifie *soleil ; aimable* qualifie *vertu.*

25. Les pronoms possessifs et les démonstratifs remplissent la fonction de l'article : ainsi que les adjectifs numéraux, ils servent à déterminer le substantif auquel ils sont joints. Exemples : CE *pays est beau.* CETTE *nation est civilisée.* SON *château est superbe.* SES *propriétés sont productives.* DEUX *amis doivent tout se sacrifier.* On dira dans l'analyse : *Ce,* déterminant *pays; son,* déterminant *château ; deux,* déterminant *amis* (*).

26. Puisque les pronoms représentent les substantifs, ils doivent avoir les mêmes fonctions que ces derniers. Ainsi le pronom figure, ou comme *sujet,* ou comme *complément,* soit direct, soit indirect ; ou comme *attribut,* ou en *apostrophe.*

27. Le pronom figure comme *sujet,* quand c'est à lui que se rapporte l'état ou l'action marquée par le verbe. Exemples : *il combat pour la gloire. Nous étudions l'histoire. Je dessine ce tableau. Tu es satisfait. Il* fait l'action marquée par le verbe *combattre ; tu* est dans l'état marqué par *es satisfait.*

28. Le pronom est employé comme *complément,* quand il reçoit l'action marquée par le verbe. Exemples : *Notre mère* NOUS *caresse.* L'action de *caresser* retombe sur *nous. Caresse qui? Nous,* complément direct. *Nous* NOUS *sommes parlé ; nous avons parlé à nous,* le second *nous* est le complément indirect.

29. Le pronom est employé comme *attribut,* quand il exprime la manière d'être du sujet, et alors il est joint au verbe *être.* Exemples : *Ces pro-*

(*) Cette analyse prouve que ces mots sont de véritables articles.

priétés sont LES TIENNES ; *celles-ci sont* LES NOTRES. *Les tiennes* et *les nôtres* expriment la manière d'être des *propriétés*.

30. Le pronom est employé en *apostrophe*, quand il représente la personne ou la chose à laquelle on adresse la parole. Les pronoms de la seconde personne sont les seuls qui puissent être employés en apostrophe, parce que c'est la seule à qui l'on parle. Exemple : O TOI *que je respecte autant que je t'admire*.

31. La fonction du verbe est de marquer l'état ou l'action du sujet, avec les modifications de mode, de temps, de personne, de nombre, et la conjugaison. Exemples : *Ernest fut installé. Ernest étudie la géographie*. En analysant, on dira : *fut installé*, marquant l'état du sujet *Ernest*; *étudie*, marquant l'action que fait le sujet *Ernest*.

32. L'infinitif (mode impersonnel) peut être employé, ou comme *sujet*, ou comme *complément*, ou comme *attribut*; il fait alors la fonction du substantif. Exemples : IGNORER *est le propre de l'homme. Qui est le propre de l'homme*? *Ignorer*, sujet de *est*. *Je veux* QUOI? *étudier*, complément direct de *je veux*. *Votre père vient de* PARTIR. *Vient de* QUOI? *de partir*, complément indirect de *vient*. *Protéger les méchants est* FAIRE *tort aux bons*. L'infinitif *faire* est ici en attribut : c'est la manière d'être de *protéger*.

33. La fonction du participe présent est de qualifier le mot auquel il se rapporte, en même temps qu'il en marque l'action. Exemple : *Nous avons vu des soldats* COMBATTANT : *combattant* qualifie *soldat*, en même temps qu'il marque l'action que les soldats faisaient.

34. La fonction de la préposition est de marquer le rapport qu'il y a entre les mots, tels que

les rapports de lieu, de temps, d'union, de séparation, de cause, de manière, etc. Exemples : *Je viens* DE *Paris : de* marque le rapport qu'il y a entre *venir* et *Paris*, c'est un rapport de lieu. *Travailler* AVEC *courage* : *avec* marque un rapport de manière.

35. La fonction de l'adverbe est de modifier les verbes, les adjectifs, et quelquefois même d'autres adverbes auxquels il est joint. Exemple : *Ces enfants nous ont parlé* CLAIREMENT, *d'une manière* TRÈS *prudente, et même* FORT *adroitement*. On voit que *clairement* modifie le verbe *ont parlé*; *très* modifie l'adjectif *prudente*; et *fort* modifie l'adverbe *adroitement*.

36. Les adverbes de quantité, comme *beaucoup, peu, trop, moins, guère, plus, autant, assez*, sont susceptibles d'être employés, ou comme *sujets*, ou comme *compléments*, ou comme *attributs* : ils font alors la fonction de substantifs. Exemples : *Peu de monde parle correctement : peu* est sujet de *parle*. *Un repentir sincère efface bien des péchés : bien* est complément direct. *J'ai conté ton affaire à beaucoup de tes amis : à beaucoup* est complément indirect.

37. La fonction de la conjonction est de lier un membre de phrase à un autre membre de phrase. Exemples : *Les maîtres récompensent* ET *chérissent les élèves*, LORSQU'*ils sont studieux* ET *dociles*. La première conjonction *et* lie le premier membre de phrase, *les maîtres récompensent*, au second, *chérissent*; la conjonction *lorsque* lie ce membre de phrase, *les maîtres récompensent et chérissent les élèves*, à celui-ci : *ils sont studieux et dociles*. *Je crois* QUE *Dieu est juste*. *Que* lie le premier membre de phrase *je crois*, au second, *Dieu est juste*.

38. La fonction de l'interjection est d'exprimer les affections, les mouvements subits de l'âme. Exemples : Ah ! *que je suis heureux de recevoir un ami ! Vous, mourir,* ah ! *cessez ce langage ! O suprême plaisir de pratiquer la vertu* (*) !

Questions.

13. Qu'entendez-vous par fonction grammaticale des mots ? — 14. Quelle est la fonction du substantif ? — 15. Quand le substantif est-il employé comme sujet ? — 16. Comment reconnait-on le sujet d'un verbe ? — 17. Quand le substantif est-il employé comme régime ou complément ? — 18. Combien y a-t-il de sortes de compléments ? — 19. Qu'est-ce que le complément direct ? — 20. Qu'est-ce que le complément indirect ? — 21. Quand le substantif est-il employé comme attribut ? — 22. Quand le substantif est-il employé en apostrophe ? — 23. Quelle est la fonction de l'article ? — 24. Quelle est la fonction de l'adjectif ? — 25. Quelle est la fonction des pronoms possessifs, des démonstratifs et de l'adjectif numéral ? — 26. Quelle est la fonction des pronoms ? — 27. Quand le pronom est-il employé comme sujet ? — 28. Quand le pronom est-il employé comme complément ? — 29. Quand le pronom est-il employé comme attribut ? — 30. Quand le pronom est-il employé en apostrophe ? — 31. Quelle est la fonction du verbe ? — 32. Quelle remarque avez-vous à faire sur l'infinitif ? — 33. Quelle est la fonction du participe présent ? — 34. Quelle est la fonction de la préposition ? — 35. Quelle est la fonction de l'adverbe ? — 36. Quelle remarque avez-vous à faire sur l'adverbe ? — 37. Quelle est la fonction de la conjonction ? — 38. Quelle est la fonction de l'interjection ?

(*) Afin de simplifier le travail dans l'analyse écrite, le Maître exigera seulement des Elèves qu'ils mettent pour la préposition, l'adverbe, la conjonction et l'interjection : *préposition*, mot invariable ; *adverbe*, mot invariable ; *conjonction*, mot invariable ; *interjection*, mot invariable.

CHAPITRE TROISIÈME.

DU RÉGIME OU COMPLÉMENT DES MOTS.

39. Cinq sortes de mots sont susceptibles d'avoir un complément : le *substantif*, l'*adjectif*, le *pronom*, le *verbe* et la *préposition*.

40. Les substantifs, les adjectifs et les pronoms ne peuvent avoir qu'un complément indirect, et ce complément est toujours exprimé, ou par un *substantif*, ou par un *pronom*, ou par un *adverbe de quantité*, accompagné de l'une des prépositions *de* ou *à*, *en*, *dans*, *pour*, *contre*, *avec*, *chez*, *vers*. Exemples : *Les propriétés* DE MON PÈRE ; *celles* DU TIEN. Le substantif *père* est complément indirect du substantif *propriétés*, avec la préposition *de*; *du tien*, complément indirect du pronom *celles*, avec la préposition *de* renfermée dans l'article composé *du*. *Cet homme est utile* A SES PARENTS; il *est digne* DES TIENS. Le substantif *parents* est complément indirect de l'adjectif *utile*, avec la préposition *à*; le pronom *des tiens* est complément indirect de l'adjectif *digne*, avec la préposition *de*, renfermée dans l'article composé *des*.

41. Il y a des verbes qui veulent le complément direct, et d'autres le complément indirect.

42. Les verbes qui veulent le complément direct sont les verbes *transitifs* (*) (appelés aussi verbes

(*) J'appelle verbes *transitifs* ceux qui ont un complément direct, et après lesquels on peut mettre un des mots *quelqu'un* ou *quelque chose* : *lire* est un verbe *transitif*, parce qu'on peut dire *lire quelque chose* : *je lis une lettre*; *manger* est un verbe *transitif*, parce qu'on peut dire *manger quelque chose*, *manger un fruit*; *punir* est un verbe *transitif*, parce qu'on peut dire *punir quelqu'un*. Le verbe *transitif* est communément appelé verbe *actif*; mais la dénomination de *transitif* est beaucoup plus logique que celle d'*actif*, puisque l'action que fait le

actifs) et les verbes *réfléchis*. Souvent ces sortes de verbes admettent tout à la fois le complément direct et l'indirect. Exemples : *J'aime mes parents. J'aime* QUI ? *mes parents. Nous chérissons la vertu. Nous chérissons* QUOI ? *la vertu. Le maître enseigne l'analyse à ses élèves. Enseigne* QUOI ? *l'analyse*, complément direct ; A QUI ? *à ses élèves*, complément indirect.

43. Les verbes qui veulent le complément indirect, sont les verbes *intransitifs* (*) (appelés *neutres*), les verbes *passifs* et les verbes *impersonnels*. Exemples : *Nous avons parlé à cet homme. Il est arrivé avec vos amis. Le monde a été créé par Dieu. Nous avons parlé* A QUI ? *à cet homme*, complément indirect. *Le monde a été créé* PAR QUI ? *par Dieu*, complément indirect. *Il est arrivé* avec QUI ? *avec vos amis*, complément indirect.

44. Les compléments des verbes ne peuvent être exprimés que par les *substantifs*, les *pronoms*, les *infinitifs*, et les *adverbes*.

45. Quelques adverbes de quantité et de qualité peuvent avoir un complément. Exemples : *Beaucoup de monde parle mal. Il faut vivre conformément à son état. De monde* est compl. ind. de l'adverbe *beaucoup. A son état* est compl. ind. de l'adverbe *conformément*.

---

sujet est transmise sur un autre objet qui la reçoit. Exemple : *Ernest frappe Jules. Ernest* fait l'action de *frapper*, et cette action est transmise à *Jules*.

(*) J'appelle verbes *intransitifs* ceux qui n'ont pas de complément direct, et après lesquels on ne peut pas mettre *quelqu'un* ni *quelque chose*. Ces verbes marquent bien une action comme les verbes *transitifs* (*actifs*) ; mais cette action ne sort pas du sujet qui la fait, elle reste en lui : *je marche, je dors, je parle*, etc., je fais bien l'action de *marcher*, de *dormir*, de *parler*; mais cette action n'est transmise à personne, elle reste en moi.

46. La préposition n'annonce pas toujours un complément indirect; car tous les verbes, à l'exception de *aimer mieux*, *compter*, *croire*, *daigner*, *devoir*, *entendre*, *faire*, *pouvoir*, *s'imaginer*, *prétendre*, *savoir*, *vouloir*, veulent la préposition *à* ou *de* avant l'infinitif qui leur sert de complément. Exemples : *Nous récompenserons les élèves qui aiment* A *étudier*. *A étudier*, compl. direct de *aiment*. *Ce négociant craint* DE *succomber dans*

Questions.

39. Combien de sortes de mots sont susceptibles d'avoir un régime ou complément? — 40. Quel complément peuvent avoir les substantifs, les adjectifs et les pronoms? — 41. Quel complément admettent les verbes? — 42. Quels sont les verbes qui veulent le complément direct? — 43. Quels sont les verbes qui admettent le

---

Modèles et Exercices d'Analyse sur les substantifs la fonction de l'article, de l'adjectif et du verbe 27 et 31).

	Nature des mots.	Espèce des mots.
La	article	simple,
vertu	substantif	commun,
est	verbe	d'état (*être*),
aimable.	adjectif	qualificatif,
Le	article	simple,
vice	substantif	commun,
est	verbe	d'état,
odieux.	adjectif	qualificatif,
Ernest	substantif	propre,
était	verbe	d'état,
savant.	adjectif	qualificatif,
Il	pronom	personnel,

(*) Le verbe d'*état* marque la situation dans laquelle est le sujet : c'est le verbe *être* auquel on ajoute, ou un adjectif, comme *je fus in-*

cette entreprise hasardeuse. *De succomber*, compl. direct de *craint*. Ainsi, pour s'assurer si l'infinitif précédé de la préposition *à* ou *de*, indique un complément direct ou indirect, il faut faire la question *qui*? ou *quoi*? *à qui*? *à quoi*? après le verbe dont on veut connaître le complément. L'infinitif précédé d'une préposition, est généralement complément direct, quand il complète un verbe *transitif* (*actif*).

Questions.

complément indirect? — 44. Quels sont les mots qui peuvent servir de complément aux verbes? — 45. Quelques adverbes de quantité et de qualité ne peuvent-ils pas avoir un complément? — 46. La préposition annonce-t-elle toujours un complément indirect?

---

et sur les pronoms employés comme sujets, sur d'état (*ou* être) (*) (voyez les Nos 15, 23, 24,

Modification des mots.	Fonction des mots.
fém. sing.	déterminant *vertu*.
fém. sing.	sujet de *est*.
3e personne sing. du présent de l'ind. 2e mode, 4e conj.	marquant l'état de *vertu*.
fém. sing.	qualifiant *vertu*.
masc. sing.	déterminant *vice*.
masc. sing.	sujet de *est*.
3e personne sing. du prés. de l'indicatif, 2e mode, 4e conj.	marquant l'état de *vice*.
masc. sing.	qualifiant *vice*.
masc sing.	sujet de *était*.
3e personne du sing. de l'imp. de l'ind. 2e mode, 4e conj.	marquant l'état d'*Ernest*.
masc. sing.	qualifiant *Ernest*.
3e personne, masc. sing.	sujet de *était*.

---

quiet, je fus affable; ou un participe passé, comme *tu es estimé, elle sera satisfaite*.

	Nature des mots.	Espèce des mots.
était	verbe.	d'état,
studieux.	adjectif	qualificatif,
Ses	article	possessif,
sœurs	substantif	commun,
furent	verbe	d'état,
aimables.	adjectif	qualificatif,
Elles	pronom	personnel,
sont estimées.	verbe	d'état,

Analysez de même : L'hiver est froid, il est rigoureux. Tu fus trompé. Elle sera admirée. Le soleil est brillant; il est très-chaud. Julie était vieille, elle est morte. Nous serons contents. Tes amis furent avertis. Les talents sont recherchés, ils seront toujours admi-

---

Modèles et Exerciees d'Analyse sur les substanments (voyez les N°s 17, 18, 19, 20

	Nature des mots.	Espèce des mots.
Tu	pronom	personnel,
chercheras	verbe	d'action transitif (actif),
la	article	simple,
fortune,	substantif	commun,
et	conjonction,	mot invariable.
tu	pronom	personnel,
la	pronom	personnel,
trouveras.	verbe	transitif (actif),
Ce	article	démonstratif,
jeune	adjectif	qualificatif,
homme	substantif	commun,
enchanta	verbe	d'action transitif (actif),
la	article	simple,
société.	substantif	commun,
Vous	pronom	personnel,
nous	pronom	personnel,

Modification des mots.	Fonction des mots.
3e pers. sing. de l'imp. de l'ind. 2e mode, 4e conj.	marquant l'état de *Il.*
masc. sing.	qualifiant *Il.*
plur. des deux genres,	déterminant *sœurs.*
fém. plur.	sujet de *furent.*
3e pers. plur. du passé déf. 2e mode, 4e conj.	marquant l'état de *sœurs.*
fém. plur.	qualifiant *sœurs.*
3e pers. fém. plur.	sujet de *sont estimées.*
3e pers. plur. au prés. de l'ind. 2e mode, 4e conj.	marquant l'état de *elles.*

---

rés. Julie et Rose furent chéries de leurs parents, elles étaient douces et naïves. La journée sera pluvieuse. Ces négociants étaient fort riches, ils sont ruinés. Tu es charitable, tu seras loué.

---

tifs, sur les pronoms employés comme complé-
et 28), *et sur la fonction du verbe* (31).

Modification des mots.	Fonction des mots.
2e pers. sing. des deux genres,	sujet de *chercheras.*
2e pers. sing. du futur simp. 2e mode, 1re conj.	marquant l'action de *Tu.*
fém. sing.	déterminant *fortune.*
fém. sing.	complém. direct de *chercheras.*
2e pers. sing. des deux genres,	sujet de *trouveras.*
3e pers. fém. sing.	complément direct de *trouveras.*
2e pers. sing. du futur simp. 2e mode, 1re conj.	marquant l'action de *tu.*
masc. sing.	déterminant *homme.*
masc sing.	qualifiant *homme.*
masc. sing.	sujet de *enchanta.*
3e pers. du prét. déf. 2e mode 1re conj.	marquant l'action de *homme.*
fém. sing.	déterminant *société.*
fém. sing.	complément direct de *enchanta.*
2e pers. plur. des deux genres,	sujet de *aviez trahis.*
1re pers. plur. des deux genres,	complém. direct de *aviez trahis.*

2.

	Nature des mots.	Espèce des mots.
aviez trahis.	verbe	d'action, transitif (actif),
Elle	pronom	personnel,
aime	verbe	d'action, transitif (actif),
la	article	simple,
vertu,	substantif	commun,
elle	pronom	personnel,
la	pronom	personnel,
chérit.	verbe	d'action, transitif (actif),
La	article	simple,
fortune	substantif	commun,
le	pronom	personnel,
trahira.	verbe	d'action, transitif (actif),
Je	pronom	personnel,
te	pronom	personnel,
donne	verbe	d'action, transitif (actif),
un	article	simple,
rendez-vous.	substantif	commun,
Cet	article	démonstratif,
homme	substantif	commun,
vous	pronom	personnel,
a dit	verbe	d'action, transitif (actif),
des	article	composé,
injures,	substantif	commun,
il	pronom	personnel,
vous	pronom	personnel,
a frappé.	verbe	d'action, transitif (actif),
Il	pronom	personnel,
m'	pronom	personnel,
écrivait,	verbe	d'action, transitif (actif),
il	pronom	personnel,
me	pronom	personnel,
marquait	verbe	d'action, transitif (actif),
son	article	possessif,
passage	substantif	commun,

Modification des mots.	Fonction des mots.
2e pers. plur. du plus-que-parf. de l'ind. 2e mode, 2e conj.	marquant l'action de *vous*.
3e pers. fém. sing.	sujet de *aime*.
3e pers. sing. du prés. de l'ind. 2e mode, 1re conj.	marquant l'action de *elle*.
fém. sing.	déterminant *vertu*.
fém. sing.	complément direct de *aime*.
3e pers. fém. sing.	sujet de *chérira*.
3e pers. fém. sing.	complément direct de *chérira*.
3e pers. sing. du prés. de l'ind. 2e mode, 2e conj.	marquant l'action de *chérira*.
fém. sing.	déterminant *fortune*.
fém. sing.	sujet de *trahira*.
3e pers. sing. masc.	complément direct de *trahira*.
3e pers. sing. du futur simple 2e mode, 2e conj.	marquant l'action de *fortune*.
1re pers. sing. des deux genres,	sujet de *donne*.
2e pers. sing. des deux genres,	complément indirect de *donne*.
1re pers. sing. du prés. de l'ind. 2e mode, 1re conj.	marquant l'action de *Je*.
masc. sing.	déterminant *rendez-vous*.
masc. sing.	complément direct de *donne*.
masc. sing.	déterminant *homme*.
masc. sing.	sujet de *a dit*.
2e pers. plur. des deux genres,	complément indirect de *a dit*.
3e pers. sing. du passé indéf. 2e mode, 4e conj.	marquant l'action de *homme*.
plur. des deux genres,	déterminant *injures*.
fém. plur.	complément direct de *a dit*.
3e pers. mas. sing.	sujet de *a frappé*.
2e pers. plur. des deux genres,	complément direct de *a frappé*.
3e pers. sing. passé indéf. 2e mode, 1re conj.	marquant l'action de *Il*.
3e pers. masc. sing.	sujet de *écrivait*.
1re pers. sing. des deux genres,	complément indirect de *écrivait*.
3e pers. de l'imp. de l'ind. 2e mode, 4e conj.	marquant l'action de *Il*.
3e pers. masc. sing.	sujet de *marquait*.
1re pers. sing. des deux genres,	complément indirect de *marquait*.
3e pers. sing. de l'imp. de l'ind. 2e mode, 1re conj.	marquant l'action de *il*.
masc. sing.	déterminant *passage*.
masc. sing.	complément direct de *marquait*.

	Nature des mots.	Espèce des mots.
à	préposition,	mot invariable.
Lyon.	substantif	propre,
Remplissez	verbe	d'action, transitif (actif),
vos	article	possessif,
devoirs	substantif	commun,
envers	préposition	mot invariable.
Dieu.	substantif	propre,

Analysez de même : Un grand malheur menaçait cette famille infortunée. Il nous invitait à ses noces. Tes amis te chérissaient, ils te voulaient du bien. Tu nous avais annoncé une nouvelle bien fâcheuse, elle nous tourmentait. Nous ignorions les malheurs de ta famille, elle nous les confia. L'étude nous éclaire et nous fortifie. Le soleil vivifie la nature, il l'anime. Cette nouvelle me surprit, et me donna la mort. Je vous donnerai des livres intéressants, ils vous amuseront.

Modèles et *Exercices d'Analyse sur les substan-*
17, 18, 19, 20, 27 et 28), *sur l'adverbe* (35)
ou imper-

	Nature des mots.	Espèce des mots.
Je	pronom	personnel,
sors	verbe	d'action, intransitif (neutre),
de	préposition,	mot invariable.
ma	article	possessif,
chambre,	substantif	commun,
où	pronom	relatif,
j'	pronom	personnel,
étais retenu	verbe	d'état (passif)
par	préposition,	mot invariable.
indisposition.	substantif	commun,
Je	pronom	personnel,
viens	verbe	d'action, intransitif (neutre),

Modification des mots.	Fonction des mots.
masc. sing.	complément de la préposition *à*.
2e pers. plur. de l'impér. 4e mode, 2e conj.	
plur. des deux genres,	déterminant *devoirs*.
masc. plur.	complément direct de *remplisse*.
masc. sing.	complém. indirect de *remplissez*.

Ton père te surprit dans cette maison, il te fit des reproches amers. Nous chercherons vos cousines, et nous les trouverons : elles vous conteront cette histoire, et vous les remercierez. Cet aimable enfant m'amusait : il me contait des histoires plaisantes; il t'amusera aussi : il te débitera bien des petits contes. Elle nous trompait; elle nous disait des mensonges monstrueux. L'homme près de la mort se montre tel qu'il est. Nous cherchons hors de nous nos vertus et nos vices.

---

tifs, sur les pronoms, sujets ou compléments (16, *et sur les verbes intransitifs* (neutres, passifs, sonnels), (43).

Modification des mots.	Fonction des mots.
1re pers. sing. des deux genres,	sujet de *sors*.
1re pers. sing. du présent de l'ind. 2e mode, 2e conj.	marquant l'action de *je*.
fém. sing.	déterminant *chambre*.
fém. sing.	complément indirect de *sors*.
fém. sing.	complém. indirect de *chambre*.
1re pers. sing. des deux genres,	sujet de *étais retenu*.
1re pers. sing. de l'imp. de l'ind. 2e mode, 2e conj.	marquant l'état de *je*.
fém. sing.	complém. indirect de *étais retenu*.
1re pers. sing. des deux genres,	sujet de *viens*.
1re pers. sing. du prés. de l'ind. 2e mode, 2e conj.	marquant l'action de *je*.

	Nature des mots.	Espèce des mots.
du	article	composé,
château	substantif	commun,
où	pronom	relatif,
j'	pronom	personnel,
ai été reçu	verbe	d'état (passif)
cordialement.	adverbe,	mot invariable,
Ce	article	démonstratif,
beau	adjectif	qualificatif,
site	substantif	commun,
me	pronom	personnel,
plaît	verbe	d'action, intransitif (neutre),
et	conjonction,	mot invariable,
m'	pronom	personnel,
enchante;	verbe	d'action, transitif (actif),
il	pronom	personnel,
te	pronom	personnel,
convient	verbe	d'action, intransitif (neutre),
parfaitement.	adverbe,	mot invariable,
La	article	simple,
force	substantif	commun,
cède	verbe	d'action, intransitif (neutre),
à	préposition,	mot invariable,
la	article	simple,
valeur.	substantif	commun,
Votre	article	possessif,
ignorance	substantif	commun,
vous	pronom	personnel,
a trahi,	verbe	d'action, transitif (actif),
elle	pronom	personnel,
vous	pronom	personnel,
nuira.	verbe	d'action, intransitif (neutre),
Il	pronom	personnel,
convient	verbe	d'action, intransitif (impersonnel),
de	préposition,	mot invariable,
partir.	verbe	d'action, intransitif (neutre),
Il	pronom	personnel,

Modification des mots.	Fonction des mots.
masc. sing.	déterminant *château*.
masc. sing.	complément indirect de *viens*.
masc. sing.	complém. indirect de *ai été reçu*.
1re pers. sing. des deux genres,	sujet de *ai été reçu*.
1re pers. du passé ind. 2e mode, 3e conj.	marquant l'état de *je*.
masc. sing.	déterminant *site*.
masc. sing.	qualifiant *site*.
masc. sing.	sujet de *plaît*.
1re pers. sing. des deux genres,	complément indirect de *plaît*.
3e pers. sing. du prés. de l'ind. 2e mode, 4e conj.	marquant l'action de *site*.
1re pers. sing. des deux genres,	complément direct de *enchante*.
3e pers. sing. du prés. de l'ind. 2e mode. 1re conj.	marquant l'action de *site*.
3e pers. masc. sing.	sujet de *convient*.
2e pers. sing. des deux genres,	complément indirect de *convient*.
3e pers. sing. du prés. de l'ind. 2e mode, 2e conj.	marquant l'action de *il*.
fém. sing.	déterminant *force*.
fém. sing.	sujet de *cède*.
3e pers. sing. du prés. de l'ind. 2e mode, 1re conj.	marquant l'action de *force*.
fém. sing.	déterminant *valeur*.
fém. sing.	complément indirect de *cède*.
sing. des deux genres,	determinant *ignorance*.
fém. sing.	sujet de *a trahi*.
2e pers. plur. des deux genres.	complément direct de *a trahi*.
3e pers. du passé indéfini 2e mode, 2e conj.	marquant l'action de *ignorance*.
3e pers. fém. sing.	sujet de *nuira*.
2e pers. plur. des deux genres,	complément indirect de *nuira*.
3e pers. sing. du futur simp. 2e mode, 4e conj.	marquant l'action de *elle*.
3e pers. masc. sing.	sujet de *convient*.
3e pers. sing. du prés. de l'ind. 2e mode, 2e conj.	marquant l'action de *Il*.
au prés. de l'inf. 1er mode,	complément indirect de *convient*.
3e pers. masc. sing.	sujet de *semble*.

	Nature des mots.	Espèce des mots.
me	pronom	personnel,
semble	verbe	d'action, intransitif (impersonnel);
que	conjonction,	mot invariable.
tu	pronom	personnel,
as	verbe	avoir,
raison.	substantif	commun,

Analysez de même : La neige fond au soleil. Ses cheveux frisent naturellement. Mon frère me succède ; il m'a trompé. Ton imprudence te nuira : elle te fera chasser de cette maison. Cette femme vous a parlé ; elle vous trompait ; elle fulminait contre vous. Une honnête aisance vous suffit. Je suis convalescente ; je serai bientôt rétablie. Nous revenons de la campagne, où nous étions restés pour affaire. Joséphine fut blessée hier ; elle en mourra. La campagne me plaît : elle

Modèles et Exercices d'Analyse des

	Nature des mots.	Espèce des mots.
Je	pronom	personnel,
me	pronom	personnel,
disposais	verbe	d'action, transitif (réfléchi direct),
à	préposition,	mot invariable.
partir.	verbe	d'action, intransitif (neutre),
Je	pronom	personnel,

(*) Les verbes dits *réfléchis* ou *pronominaux* sont des verbes *d'action transitifs* ou *intransitifs*, selon qu'ils ont ou qu'ils n'ont pas de complément direct. En effet, quand je dis : *j'ai fait mal à mon frère*, ou *je me suis fait mal*, c'est toujours l'action de *faire* : la seule différence ne réside que dans l'objet de l'action, et non dans l'action en elle-même, qui reste ce qu'elle est. Dans le premier cas, comme dans le second, le sujet est *je*. Dans le premier cas, comme dans le second, le complément direct est *mal;* seulement le complément indirect change. Dans le premier cas, c'est mon frère à qui j'ai fait mal ; dans le second, c'est à moi-même. La question étant saisie, on verra pourquoi l'on donne à cette dernière forme verbale, *je me suis*

Modification des mots.	Fonction des mots.
1re pers. sing. des deux genres,	complément indirect de *semble*.
3e pers. sing. du prés. de l'indicatif, 2e mode, 1re conj.	marquant l'action de *Il*.
2e pers. sing. des deux genres,	sujet de *as*.
2e pers. sing du prés. de l'ind. 2e mode, 3e conj.	marquant l'action de *tu*.
fém. sing.	complément direct de *as*.

---

répond parfaitement à mes ennuis. Cette personne vous sourit, elle vous aime. Il semble que vous ayez raison. Vous partirez de Paris comme nous en sommes convenus. Il neigeait hier, il a grêlé ce matin. Nous arrivons de la chasse, où nous nous sommes amusés. Ce château nous convient; nous l'achèterons. Cette proposition vous agrée; vous l'accepterez. Cet enfant répond mal à vos soins : il désobéit à ses maîtres. Nous te pardonnons tes injures. Tes sœurs furent estimées des miennes.

---

verbes réfléchis ou pronominaux (*).

Modification des mots.	Fonction des mots
1re pers. sing. des deux genres,	sujet de *disposais*.
1re pers. sing. des deux genres,	complément direct de *disposais*.
1re pers. sing. de l'imp. de l'ind. 2e mode, 1re conj.	marquant l'action de *je*.
au prés. de l'inf. 1er mode,	complément indirect de *disposais*.
1re pers. sing. des deux genres,	sujet de *disposais*.

---

fait mal, la dénomination de verbe *réfléchi direct*; le voici : un verbe d'*action* devient *réfléchi direct*, quand le sujet est lui-même complément direct de sa personne. Exemple : *Nous nous sommes faits à cette température*. Un verbe d'*action* devient *réfléchi indirect*, quand le sujet est lui-même complément indirect de sa propre action. Exemple : *Nous nous sommes fait mal*. Dans ces sortes de verbes, l'auxiliaire *être* remplace toujours l'auxiliaire *avoir* dans les temps composés. *Nous nous sommes fait mal*, c'est comme s'il y avait, *nous avons fait mal* À NOUS. *Nous nous sommes faits à cette température*, c'est comme s'il y avait, *nous avons fait* NOUS *à cette température*.

	Nature des mots.	Espèce des mots.
me	pronom	personnel,
disposais	verbe	d'action, transitif (réfléchi indirect),
une	article	simple,
voiture.	substantif	commun,
Tu	pronom	personnel,
t'	pronom	personnel,
es coupé.	verbe	d'action, transitif (réfléchi direct),
Tu	pronom	personnel,
t'	pronom	personnel,
es coupé	verbe	d'action, transitif (réfléchi indirect),
le	article	simple,
doigt.	substantif	commun,
Nous	pronom	personnel,
nous	pronom	personnel,
attachons	verbe	d'action, transitif (réfléchi direct),
à	préposition,	mot invariable,
nos	article	possessif,
amis.	substantif	commun,
Nous	pronom	personnel,
nous	pronom	personnel,
attachons	verbe	d'action, transitif (réfléchi indirect),
nos	article	possessif,
amis.	substantif	commun,
Elle	pronom	personnel,
s'	pronom	personnel,
est suffi.	verbe	d'action, intransitif (réfléchi indirect),
Ces	article	démonstratif,
dames	substantif	commun,
se	pronom	personnel,
sont parlé,	verbe	d'action, intransitif (réfléchi indirect),
elles	pronom	personnel,
se	pronom	personnel,
sont convenu.	verbe	d'action, intransitif (réfléchi indirect),

Modification des mots.	Fonction des mots.
1re pers. sing. des deux genres,	complément indirect de *disposais.*
1re pers. sing. de l'imp. de l'ind. 2e mode, 1re conj.	marquant l'action de *je.*
fém. sing.	déterminant *voiture.*
fém. sing.	complément direct de *disposais.*
2e pers. sing. des deux genres,	sujet de *es coupé.*
2e pers. sing. des deux genres,	complément direct de *es coupé.*
2e pers. sing. du passé ind. 2e mode, 1re conj.	marquant l'action de *tu.*
2e pers. sing. des deux genres,	sujet de *es coupé.*
2e pers. sing. des deux genres,	complément indirect de *es coupé.*
2e pers. sing. du passé ind. 2e mode, 1re conj.	marquant l'action de *tu.*
masc. sing,	déterminant *doigt.*
masc. sing.	complément direct de *es coupé.*
1re pers. plur. des deux genres,	sujet de *attachons.*
1re pers. plur. des deux genres,	complément direct de *attachons.*
1re pers. plur. du présent de l'ind. 2e mode, 1re conj.	marquant l'action de *nous.*
plur. des deux genres,	déterminant *amis.*
masc. plur.	complément indirect de *attachons.*
1re pers. plur. des deux genres,	sujet de *attachons.*
1re pers. plur. des deux genres,	complément indirect de *attachons.*
1re pers. plur. du prés. de l'ind. 2e mode, 1re conj.	marquant l'action de *nous.*
plur. des deux genres,	déterminant *amis.*
masc. plur.	complément direct de *attachons.*
3e pers. fém. sing.	sujet de *est suffi.*
3e pers. sing. des deux genres,	complément indirect de *est suffi.*
3e pers. sing. du passé ind. 2e mode, 4e conj.	marquant l'action de *elle.*
plur. des deux genres,	déterminant *dames.*
fém. plur.	sujet de *sont parlé.*
3e pers. plur. des deux genres,	complém. indirect de *sont parlé.*
3e pers. plur. du passé ind. 2e mode, 1re conj.	marquant l'action de *dames.*
3e pers. fém. plur.	sujet de *sont convenu.*
3e pers. plur. des deux genres,	complém. ind. de *sont convenu.*
3e pers. plur. du passé ind. 2e mode, 2e conj.	marquant l'action de *elles.*

Analysez de même : Ces dames s'étaient diverties. Tu t'es couvert de gloire. Tu t'es couvert la tête. Nous nous sommes plu dans cet endroit. Vous vous unirez. Tes sœurs s'étaient parlé, elles s'étaient amusées. Vos amis se sont proposés pour modèles ; ils se sont proposé différentes questions. Cet homme se reprochera sa

---

Modèles et Exercices d'Analyse sur les infinitifs positions entières sujets ou

	Nature des mots.	Espèce des mots.
Richelieu	substantif	propre,
fit	verbe	d'action, transitif (actif),
bâtir	verbe	d'action, transitif (actif),
le	article	simple,
Palais-Royal.	substantif	propre,
L'	article	simple,
avare	substantif	commun,
craint	verbe	d'action, transitif (actif),
qu'	conjonction,	mot invariable.
on	pronom	indirect,
ne	adverbe	de négation.
lui	pronom	personnel,
arrache	verbe	d'action, transitif (actif),
son	article	possessif,
cher	adjectif	qualificatif,
trésor.	substantif	commun,

Analysez de même : Nous aurions désiré que vous fussiez venu à Versailles. Les journaux que j'ai entendu lire, sont très-intéressants. Minos n'a voulu que

(*) Quand une proposition entière est sujet ou complément d'un

faute, il se reprochera ses sottises. Vous vous êtes ri de nous. Ces esclaves se sont vengés. Ces messieurs se trompaient. Il se sont émus. Vous vous fîtes mal. Vous vous blessâtes. Nous nous fussions punis. Elles se sont succédé. Elles s'étaient suffi.

---

sujets ou compléments (32), *et sur les pro-compléments des verbes* (*).

Modification des mots.	Fonction des mots.
masc. sing.	sujet de *fit.*
3e pers. sing. du passé défini, 2e mode, 4e conj.	marquant l'action de *Richelieu.*
au prés. de l'inf. 1er mode, 2e conj.	complément direct de *fit.*
masc. sing.	déterminant *Palais-Royal.*
masc. sing.	complément direct de *bâtir.*
masc. sing.	déterminant *avare.*
masc. sing.	sujet de *craint.*
3e pers. sing. du prés. de l'ind. 2e mode, 4e conj.	marquant l'action de *avare.*
masc. sing.	sujet de *arrache.*
3e pers. des deux genres.	complément indirect de *arrache.*
3e pers. sing. du prés. du subj. 5e mode, 1re conj.	marquant l'action de *on.*
masc. sing.	déterminant *trésor.*
masc. sing.	qualifiant *trésor.*
masc. sing.	complément direct de *arrache.*

---

ses enfants régnassent après lui, qu'à condition qu'ils régneraient selon ses maximes. Nous avons prétendu

verbe, on n'en fait mention qu'au verbe (pour l'analyse écrite) qui a la proposition pour sujet ou complément.

vous faire une surprise agréable. Antiochus fit massacrer les Juifs. Je ne crois pas que vous répondiez à

Modèles et Exercices d'Analyse sur les **40, 41, 42,**

	Nature des mots.	Espèce des mots.
Les	article	simple,
livres	substantif	commun.
d'	préposition,	mot invariable.
Ernest	substantif	propre,
sont perdus;	verbe	d'état (passif),
ceux	pronom	démonstratif,
de	préposition,	mot invariable.
Jules	substantif	propre,
sont retrouvés.	verbe	d'état (passif),
Vous	pronom	personnel,
lui	pronom	personnel,
annoncerez	verbe	d'action, transitif (actif),
la	article	simple,
mort	substantif	commun,
de	préposition,	mot invariable.
son	article	possessif,
père	substantif	commun,
et	conjonction,	mot invariable.
celle	pronom	démonstratif,
du	article	composé,
mien.	pronom	possessif,
Le	article	simple,
frère	substantif,	commun,
de	préposition,	mot invariable.
mon	article	possessif,
père	substantif	commun,
réussit	verbe	d'action, intransitif (neutre),
dans	préposition,	mot invariable.
ses	article	possessif,
entreprises;	substantif	commun,
celui	pronom	démonstratif,

toutes les questions que l'on peut vous faire. Vous auriez désiré une audience du roi.

---

régimes ou compléments des mots. (39, 43 et 44).

Modification des mots.	Fonction des mots.
plur. des deux genres,	déterminant *livres*.
masc. plur.	sujet de *sont perdus*.
masc. sing.	complément indirect de *livres*.
3e pers. plur. du prés. de l'ind. 2e mode, 4e conj.	marquant l'état de *livres*.
masc. plur.	sujet de *sont retrouvés*.
masc. sing.	complément indirect de *ceux*.
3e pers. plur. du prés. de l'ind. 2e mode, 1re conj.	marquant l'état de *ceux*.
2e pers. plur. des deux genres.	sujet de *annoncerez*.
3e pers. sing. des deux genres.	complément ind. de *annoncerez*.
2e pers. plur. du futur simple, 2e mode, 1re conj.	marquant l'action de *vous*.
fém. sing.	déterminant *mort*.
fém. sing.	complém. direct de *annoncerez*.
masc. sing.	déterminant *père*.
masc. sing.	complément indirect de *mort*.
fém. sing.	complém. direct de *annoncerez*.
masc. sing.	déterminant *mien*.
masc. sing.	complément indirect de *celle*.
masc. sing.	déterminant *frère*.
masc. sing.	sujet de *réussit*.
masc. sing.	déterminant *père*.
masc. sing.	complément indirect de *frère*.
3e pers. sing. du prés. de l'ind. 2e mode, 2e conj.	marquant l'action de *frère*.
plur. des deux genres,	déterminant *entreprises*.
fém. plur.	complément indirect de *réussit*.
masc. sing.	sujet de *est*.

	Nature des mots.	Espèce des mots.
du	article	composé,
vôtre	pronom	possessif,
est	verbe	d'état,
malheureux	adjectif	qualificatif,
dans	préposition,	mot invariable.
les siennes.	pronom	possessif,
Un	article	simple,
vaisseau	substantif	commun,
brisé	adjectif	qualificatif,
contre	préposition,	mot invariable.
les	article	simple,
rochers	substantif	commun,
du	article	composé,
Calvados.	substantif	propre,
Cet	article	démonstratif,
enfant	substantif	commun,
est	verbe	d'état,
ingrat	adjectif	qualificatif,
envers	préposition,	mot invariable.
ses	article	possessif,
parents,	substantif	commun,
il	pronom	personnel,
est	verbe	d'état,
indigne	adjectif	qualificatif,
de	préposition,	mot invariable.
leurs	article	possessif,
bontés.	substantif	commun,

Analysez de même : Cette petite fille est chérie de ses parents : elle leur écrit une lettre, elle est soumise à ses maîtres. Cette affaire est terrible pour ton ami, elle lui est fatale. Cet enfant est recherché de tous ses camarades. Cette école est ouverte à tous les enfants du pays; elle est très-utile aux pères de famille. La jeunesse nous est chère, nous devons la protéger contre

Modification des mots.	Fonction des mots.
masc. sing.	déterminant *vôtre.*
masc. sing.	complément indirect de *celui.*
3e pers. sing. du prés. de l'ind. 2e mode, 4e conj.	marquant l'état de *celui.*
masc. sing.	qualifiant *celui.*
fém. plur.	comp. indirect de *malheureux.*
masc. sing.	déterminant *vaisseau.*
masc. sing.	antécédent de *brisé.*
masc. sing.	qualifiant *vaisseau.*
plur. des deux genres,	déterminant *rochers.*
masc. plur.	complément indirect de *brisé.*
masc. sing.	déterminant *Calvados.*
masc. sing.	complément indirect *de rochers.*
masc. sing.	déterminant *enfant.*
masc. sing.	sujet de *est.*
3e pers. sing. du prés. de l'ind. 2e mode, 4e conj.	marquant l'état de *enfant.*
masc. sing.	qualifiant *enfant.*
plur. des deux genres.	déterminant *parents.*
masc. plur.	complément indirect de *ingrat.*
3e pers. sing. masc.	sujet de *est.*
3e pers. sing. du prés. de l'ind. 2e mode, 4e conj.	marquant l'état de *il.*
masc. sing.	qualifiant *il.*
plur. des deux genres,	déterminant *bontés.*
fém. plur.	complément indirect de *indignes.*

---

toute espèce de séduction. Cet écolier est méchant envers ses camarades : il est jaloux de leurs succès. Mourir pour sa patrie est beau. Tes devoirs sont bons, mais ceux de ton frère sont encore plus réguliers. Les dessins de ta sœur sont plus soignés que les nôtres ; ils sont plus agréables à la vue. C'est par le temple de la vertu qu'on arrive à celui du bonheur.

Modèles et Exercices d'Analyse sur les substan- les adverbes employés en attribut et

	Nature des mots.	Espèce des mots.
Le	article	simple,
sourire	substantif	commun,
des	article	composé,
Grâces	substantif	commun,
est	verbe	d'état,
la	article	simple,
parure	substantif	commun,
des	article	composé,
vertus.	substantif	commun,
L'	article	simple,
hôpital	substantif	commun,
est	verbe	d'état,
l'	article	simple,
asile	substantif	commun,
du	article	composé,
pauvre.	substantif	commun,
O	interjection,	mot invariable.
toi	pronom	personnel,
que	pronom	relatif,
je	pronom	personnel,
respecte	verbe	d'action, transitif (actif),
Déserts	substantif	commun,
charmants,	adjectif	qualificatif,
écoutez	verbe	d'action, transitif (actif),
mes	article	possessif,
plaintes.	substantif	commun,
C' (*)	pronom	démonstratif,
est	verbe	d'état,
moi	pronom	personnel,
qui	pronom	relatif,
lui	pronom	personnel,
parlerai.	verbe	d'action, intransitif (neutre),

(*) *Ce*, placé avant un verbe, est pronom.

tifs, *sur les pronoms*, *sur les infinitifs et sur en* apostrophe (21, 22, 29, 30 et 36).

Modification des mots.	Fonction des mots.
masc. sing.	déterminant *sourire*.
masc. sing.	sujet de *est*.
plur. des deux genres.	déterminant *grâces*.
fém. plur.	complément indirect de *sourire*.
3e pers. sing. du prés. de l'ind. 2e mode, 4e conj.	marquant l'état de *sourire*.
fém. sing.	déterminant *parure*.
fém. sing.	attribut de *sourire*.
plur. des deux genres,	déterminant *vertus*.
fém. plur.	complément indirect de *parure*.
masc. sing.	déterminant *hôpital*.
masc. sing.	sujet de *est*.
3e pers. sing. du prés. de l'ind. 2e mode, 4e conj.	marquant l'état de *hôpital*.
masc. sing.	déterminant *asyle*.
masc. sing.	employé en *attribut*.
masc. sing.	déterminant *pauvre*.
masc. sing.	complément indirect de *asyle*.
2e pers. sing. des deux genres,	employé en *apostrophe*.
des 2 genres et des 2 nombres,	complément direct de *respec*
1re pers. sing. des deux genres,	sujet de *respecte*.
1re pers. sing. du prés. de l'ind. 2e mode, 1re conj.	marquant l'action de *je*.
masc. plur.	employé en *apostrophe*.
masc. plur.	qualifiant *déserts*.
2e pers. plur. de l'impératif, 4e mode, 1re conj.	marquant l'action de *déserts*.
plur. des deux genres,	déterminant *plaintes*.
fém. plur.	complément direct de *écoutez*.
masc. sing.	sujet de *est*.
3e pers. sing. du prés. de l'ind. 2e mode, 4e conj.	marquant l'état de *ce*.
1re pers. sing. des deux genres,	employé en *attribut*.
des 2 genres et des 2 nombres,	sujet de *parlerai*.
3e pers. sing. des deux genres,	marquant l'action de *parlerai*.
1re pers. sing. du futur simple. 2e mode, 1re conj.	marquant l'action de *qui*.

	Nature des mots.	Espèce des mots.
Ce	article	démonstratif,
journal	substantif	commun,
est	verbe	d'état,
mal	adverbe,	mot invariable.
rédige.	adjectif,	qualificatif,

Analysez de même : Le coulicou est une espèce de coucou. Le bambou est un arbre des Indes. Le chef-d'œuvre de la nature est le cœur d'une mère. L'homme de bien est trop confiant. Ce madrigal est bien tourné. Ce manuscrit est fort original. O mon fils ! pourquoi te plains-tu de ta mère? Mon Dieu, daignez me

Modèles et Exercices d'Analyse sur les infinitifs.

	Nature des mots.	Espèce des mots.
Mon	article	possessif,
père	substantif	commun,
craint	verbe	d'action, transitif (actif),
de	préposition,	mot invariable.
périr	verbe	d'action, intransitif (neutre),
dans	préposition,	mot invariable.
sa	article	possessif,
traversée.	substantif	commun,
Mes	article	possessif,
enfants,	substantif	commun,
cherchez	verbe	d'action, transitif (actif),
à	préposition,	mot invariable.
mériter	verbe	d'action, transitif (actif),
la	article	simple,
confiance	substantif	commun,
de	préposition,	mot invariable.
votre	article	possessif,
maître.	substantif	commun,

Analysez de même : Nous craignons d'immoler ce vertueux enfant. Il commençait à discerner le bien d'avec le mal. Vous désirez d'arriver au port, et nous craignons de vous y voir. Votre père se propose d'exé-

Modification des mots.	Fonction des mots.
masc. sing.	déterminant *journal.*
masc. sing.	sujet de *est.*
3e pers. sing. du prés. de l'ind. 2e mode, 4e conj.	marquant l'état de *journal.* employé en *attribut.*
masc. sing.	qualifiant *journal*

secourir dans mon malheur. Répondez, cieux et mers, et vous, terre, parlez. O vous, qui m'écoutez, et toi, mer terrible, dont le courroux veut engloutir la terre. Protéger le crime, c'est faire tort à la société. Mal parler de son prochain, c'est dire du mal de soi.

---

en complément, précédés d'une préposition (46).

Modification des mots.	Fonction des mots.
masc. sing.	déterminant *père.*
masc. sing.	sujet de *craint.*
3e pers. sing. du prés. de l'ind., 2e mode, 4e conj.	marquant l'action de *père.*
au prés. de l'inf., 1er mode, 2e conj.	complément direct de *craint.*
fém. sing.	déterminant *traversée.*
fém. sing.	complément indirect de *périr.*
plur. des deux genres,	déterminant *enfants.*
masc. plur.	employé en *apostrophe.*
2e pers. plur. de l'impér., 4e mode, 1re conj.	marquant l'action de *enfants.*
au prés. de l'inf., 1er mode, 1re conj.	complément direct de *cherchez.*
fém. sing.	déterminant *confiance.*
fém. sing.	complément direct de *mériter.*
sing. des deux genres,	déterminant *maître.*
masc. sing.	complément indir. de *confiance.*

cuter son projet, et de vous faire partir dans quelques jours. Il néglige ses propres affaires, et songe exclusivement à faire les vôtres. Apprenez à pardonner. Mon fils, devenez savant, et ne redoutez point d'étudier.

Modèles et Exercices d'Analyse sur le participe présent (33), (Voyez le Manuel complet des Ecoles primaires, chap. XII) (*).

Des	article composé plur. des deux genres, déterminant *personnes*.
personnes	substantif commun fém. plur., sujets de *survenant*.
survenant	participe prés., parce qu'il marque une *action*; mot invariab.
à	préposition, mot invariable.
l'	article simple masc. sing., qui détermine *improviste*.
improviste.	substantif commun masc. sing., complément indirect de *survenant*.
Des	article composé plur. des deux genres, déterminant *personnes*.
personnes	subsantif commun fém. plur.
survenantes.	adjectif verbal fém. plur., qui qualifie *personnes*.
Nous	pronom personnel, 1re pers. plur. des deux genres, sujet de *avons*.
avons	verbe *avoir*, 1re pers. plur. du prés. de l'indicatif, 2e mode, 3e conj.
des	article comp. plur. des deux genres, déterminant *preuves*.
preuves	substantif commun fém. plur., compl. direct de *avons*.
surabondant	participe présent; mot invariable.
de	préposition; mot invariable.
toutes	adjectif qualificatif fém. plur.
parts.	substantif commun fém. plur., complément indirect de *surabondant*.
Nous	pronom personnel, 1re pers. plur. des deux genres, sujet de *avons*.
avons	verbe *avoir*, 1re pers. plur. du prés. de l'indicatif, 2e mode, 3e conj.
des	article composé plur. des deux genres, déterminant *preuves*.

(*) Nous ne ferons plus de tableaux pour l'analyse: les Elèves sont assez avancés pour comprendre la *nature*, l'*espèce*, les *modifications* et la *fonction* des mots.

preuves	substantif commun fém. plur., complément direct de *avons*.
surabondantes.	adjectif verbal fém. plur., qualifiant *preuves*.

Analysez de même : Cette personne est contrariante, contrariant même ses meilleurs amis. Une difficulté subsistant toujours, et une chose subsistante par sa nature. Une personne ivre trébuchant à chaque pas ; une personne ivre et trébuchante. Des plaisanteries mordantes; des plaisanteries mordant jusqu'au vif. J'ai connu des personnes médisantes, et surtout médisant de leurs voisins. Je sais une nouvelle désespérante pour lui, et désespérant tous ses amis. Les flots du Gange sont quelquefois retentissants.

Modèles et Exercices d'Analyse sur un participe passé dépourvu de complément direct.

J'	pronom personnel, 1re pers. singulier des deux genres, sujet de *avais chanté*.
avais chanté.	verbe d'action, transitif (actif) employé intransitif. (*) 1re pers. sing. du plus-que-parfait de l'indicatif ; participe *invariable*, parce qu'il n'a pas de complément direct.
Nous	pronom personnel, 1re pers. plur. des deux genres, sujet de *eussions bu*.
eussions bu.	verbe d'action, transitif (actif), employé intransitif au conditionnel; on dit aussi : 1re pers. plur. ; participe *invariable*, parce qu'il n'a pas de complément direct.
Que	conjonction ; mot invariable.
tu	pronom personnel, 2e personne sing. des deux genres, sujet de *eusses parlé*.
eusses parlé.	verbe intransitif (neutre) au plus-que-parfait du subjonctif, 2e pers. sing., participe *invariable*, parce qu'il n'a pas de complém. direct.
Qu'	conjonction ; mot invariable.

(*) Un verbe *transitif* ou *actif* est employé intransitivement quand il n'a pas de complément direct.

elles	pronom personnel, 3e pers. fém. plur., sujet de *aient ri.*
aient ri.	verbe d'action intransitif (neutre) au passé du subj., 3e pers. plur.; participe *invariable*, parce qu'il n'a pas de complément direct.

Analysez de même : J'eus dîné. Nous avions mangé. Ils avaient dit. Elle a chanté. Elles ont agi. Elles auraient parlé. Les personnes qui ont dansé. Celles qui avaient bu. Qu'ils eussent trouvé. Vous auriez peint. Elles eussent craint, nous eûmes craint. Vous auriez désiré. Tu eusses dit. Ils avaient écrit.

Modèles et Exercices d'Analyse sur le participe passé suivi du complément direct.

Elle	pronom personnel, 3e pers. fém. sing., sujet de *avait chanté.*
avait chanté	verbe d'action, transitif (actif), 3e pers. sing. du plus-que-parfait de l'indicatif; participe *invariable*, parce que le complément direct est après lui.
une	article simple fém. sing., déterminant *ariette.*
ariette.	substantif commun fém. sing., complément direct de *avait* chanté.
Elles	pronom personnel, 3e pers. fém. plur., sujet de *auraient désiré.*
auraient désiré	verbe d'action, transitif (actif), 3e pers. plur. du conditionnel passé; participe *invariable*, parce que le complément direct est après lui.
mes	article possessif plur. des deux genres, déterminant *talents.*
talents.	substantif commun masc. plur, complément direct de *auraient désiré.*
Nous	pronom personnel, 1re pers. plur. des deux genres, sujet de *avons chéri.*
avons chéri	verbe d'action, transitif (actif), 1re pers. plur. du passé indéfini; participe *invariable*, parce que le complément direct est après lui.
cet	article démonstratif masc. sing., déterminant *enfant.*
enfant.	substantif commun masc. sing., complément direct de *avons chéri.*

Analysez de même : Nous avons abordé le rivage. Elle aura abordé le vaisseau. Ils ont accablé cet homme. Elles ont admiré vos talents. Vous aviez atteint ce but. Elles auront chanté ce couplet. Nous eûmes cru cette fable. Qu'ils aient bu votre vin. Qu'elles aient assisté ce malheureux. Vous eussiez écrit à vos parents ; ils eussent reçu votre lettre. Qu'ils aient vu nos frères. Vous aviez méprisé nos lois. Les juges auront condamné ces criminels. Qu'ils écrivissent une lettre à leurs parents.

Modèles et Exercices d'Analyse sur le participe passé précédé du complément direct.

Les	article simple plur. des deux genres, déterminant *tableaux.*
tableaux	substantif commun masc. plur.
que	pronom relatif des deux genres et des deux nombres, compl. direct de *avez peints.*
vous	pronom personnel, 2e pers. plur. des deux genres, sujet de *avez peints.*
avez peints,	verbe d'action, transitif (actif), 2e pers. plur. du passé indéfini, 4e conj. Le participe s'accorde avec *que*, représentant *tableaux*, masc. plur., son véritable complément direct, placé avant lui.
je	pronom personnel, 1re pers. sing. des deux genres, sujet de *ai vus.*
les	pronom personnel, 3e pers. pluriel des deux genres, complément direct de *ai vus.*
ai vus	verbe d'action, transitif (actif), 1re pers. sing. du passé indéfini, 3e conj. Le participe s'accorde avec son complément direct *les*, placé avant lui, représentant *tableaux*, masc. plur.
à	préposition ; mot invariable.
l'	article simple fém. sing. déterminant *exposition.*
exposition.	substantif commun fém. sing., complément indirect de *ai vus.*
Les	article simple, plur. des deux genres, déterminant *pertes.*
pertes	substantif commun fém. plur., sujet de *ont rendus.*
que	pronom relatif des deux genres et des deux nombres, complément direct de *ont éprouvées.*

ces	article démonstratif plur. des deux genres, déterminant *négociants*.
négociants	substantif commun masc. plur. sujet de *ont éprouvées*.
ont éprouvées	verbe d'action, transitif (actif), 3e pers. plur. du passé indéfini, 1re conj. Le participe s'accorde avec son complément direct *que*, représentant *pertes*, fém. plur., son véritable complément direct, placé avant lui.
les	pronom personnel 3e pers. plur. des deux genres, complément direct de *ont rendus*.
ont rendus	verbe d'action, transitif (actif), 3e pers. plur. du passé indéfini, 4e conj. Le participe s'accorde avec son complément direct *les*, représentant *négociants*, masc. plur., son véritable complément direct, placé avant lui.
plus sages.	adjectif qualificatif, masc. plur. au comparatif de supériorité.
Les	article simple plur. des deux genres, déterminant *tourments*.
tourments	substantif commun masc. plur.
qu'	pronom relatif des deux genres et des deux nombres, complément direct de *aurait soufferts*.
aurait soufferts	verbe d'action, transitif (actif), 3e pers. sing. du conditionnel passé, 2e conj. Le participe s'accorde avec *que*, son complément direct, représentant, *tourments*, masc. plur., placé avant lui.
cette	article démonstratif fém. sing., déterminant *personne*.
personne.	substantif commun fém. sing., sujet de *aurait soufferts*.

Analysez de même : La fleur que tu as coupée. Les fables que tu as lues, je les ai composées, et ton frère les a apprises. L'alliance qu'a faite ce prince. Ces pêches, nous les avons mangées vertes. Les ennemis que tu aurais vaincus. Les froideurs qu'avaient témoignées les tribuns. Les paroles que tu avais prononcées. Que de maux la France a soufferts! La fortune que cet homme a acquise, il l'a perdue; que de peines il a eues depuis. La route qu'aurait suivie ce jeune homme. Ces hommes nous ont bien servis. On l'a faite religieuse.

Modèles et Exercices d'Analyse sur les participes suivis d'un infinitif.

La	article simple fém. sing., déterminant *femme.*
femme	subtantif commun fém. sing., sujet de *est.*
que	pronom relatif des deux genres et des deux nombres, complément direct de *as vue.*
tu	pronom personnel 2e pers. sing. des deux genres, sujet de *as vue.*
as vue	verbe d'action, transitif (actif), 2e pers. sing. du passé indéfini, 3e conj. Le participe est au fém. sing. parce que son complément *que* est placé avant lui, et que l'action qu'exprime l'infinitif *peindre* est faite par la *femme :* elle faisait l'action de peindre.
peindre	verbe d'action, transitif (actif) à l'infinitif, employé intransitivement.
est	verbe d'état (être), 3e pers. du sing. du présent de l'indicatif, deuxième mode.
habile.	adjectif qualificatif fém. sing., qualifiant *femme.*
La	article simple fém. sing., déterminant *femme.*
femme	substantif commun fém. sing.
que	pronom relatif des deux genres et des deux nombres, compl. direct de *peindre.*
j'	pronom personnel, 1re pers. sing. des deux genres, sujet de *ai vu.*
ai vu	verbe d'action, transitif (actif) 1re pers. sing. du passé indéfini 3e conj. Le participe *invariable*, parce qu'il est suivi de son complément *peindre.* Le pronom *que* mis pour *laquelle femme*, est le complément de *peindre* et non de *ai vu.* L'action que l'infinitif *peindre* exprime n'est pas faite par la *femme,* ce n'est pas la femme qui peignait.
peindre	verbe d'action, transitif (actif) à l'infinitif, 4e conj., complément direct de *ai vu.*
par	préposition; mot invariable.
David.	substantif propre, masc. sing., complément indirect de *peindre.*
Où	pronom relatif signifiant *dans quel lieu.*
sont,	verbe d'état (être), 3e pers. plur. du présent de de l'indicatif, 2e mode.
mes	article possessif plur. des deux genres, déterminant *enfants.*

enfants,	substantif commun masc. plur. employé en *apostrophe.*
les	article simple plur. des deux genres, déterminant *pages.*
pages	substantif commun fém. plur. sujet de *sont.*
que	pronom relatif des deux genres et des deux nombres, complément direct de *écrire.*
je	pronom personnel, 1re pers. sing. des deux genres, sujet de *ai vus.*
vous	pronom personnel, 2e pers. plur. des deux genres, représentant *enfants*, complément direct de *ai vus.*
ai vus	verbe d'action, transitif (actif), 1re pers. sing. du passé indicatif, 3e conj. Le participe variable, à cause de son complément direct *vous*, mis pour *mes enfants*, placé avant lui. L'action que l'infinitif *écrire* exprime est faite par les enfants. (*Je les ai vus écrivant des pages.*)
écrire ?	verbe d'action, transitif (actif) au présent de l'infinitif, 1er mode, 4e conjugaison.

Analysez de même : Les élèves que j'ai vus étudier, je les ai vu punir. Les pauvres que tu as vus mendier, je les ai vu arrêter. L'occasion que vous avez espéré ressaisir, vous l'avez laissée échapper. L'herbe qu'il a laissée croître, je l'ai fait couper. Les pommes que j'ai vues mûrir et que j'ai vu cueillir. La femme que vous avez laissé battre, je l'ai laissée partir. Les services qu'il a voulu rendre. Les lièvres que vous avez vus courir, je les ai vu tuer. Les portes que nous avons entendu fermer. Les arbres que j'ai vus croître, je les ai vu abattre. Les armées qu'on a contraintes de marcher. L'histoire que je vous ai donnée à lire. Les règles que vous m'avez ordonné d'apprendre. Les travaux que j'ai eus à refaire. Les crimes qu'ils ont réussi à commettre. Voilà les oiseaux qu'on a laissé manger par les chats : cela ne serait pas arrivé, si on les eût laissés enfermés.

Modèles et Exercices d'Analyse sur les participes des verbes réfléchis ou pronominaux.

Cette article démonstratif fém. sing., déterminant *femme.*

femme substantif commun fém. sing. sujet de *est tuée.*

s' pronom personnel, 3e pers. sing. des deux genres et des deux nombres, complément direct de *est tuée.*

est tuée; verbe d'action, transitif (réfléchi direct), 3e pers. sing. du passé indéfini. Le participe *variable*, parce que son complément direct le précède. (Elle a tué soi.)

elle pronom personnel 3e pers. fém. sing., sujet de *est cassé.*

s' pronom personnel, 3e pers. sing. des deux genres et des deux nombres, complément indirect de *est cassé.*

est cassé verbe d'action, transitif (réfléchi indirect), 3e pers. sing. du passé indirect. Le participe *invariable*, parce que son complément *tête* est placé après lui. (Elle a cassé la tête *à soi.*)

la article simple fém. sing. déterminant *tête.*

tête. substantif commun fém. sing. complément direct de *cassé.*

Ces article démonstratif plur. des deux genres, déterminant *savants.*

savants substantif commun masc. plur., sujet de *sont proposés.*

se pronom personnel 3e pers. plur. des deux genres et des deux nombres, complément direct de *sont proposés.*

sont proposés verbe d'action transitif (réfléchi direct), 3e pers. plur. du passé indéfini. Le participe *variable*, parce que son complément direct *se* le précède. (Ils ont proposé *soi*).

pour préposition) mot invariable.

modèles; substantif commun masc. plur., compl. indirect de *sont proposés.*

ils pronom personnel, 3e pers. plur. masc., sujet de *étaient proposé.*

s' pronom personnel 3e pers. plur. des deux genres et des deux nombres, complément indirect de *étaient proposé.*

étaient proposé	verbe d'action, transitif (réfléchi indirect), 3e pers. plur. du plus-que-parfait de l'indicatif 1re conj. Le participe *invariable*, parce que son complément direct est placé après lui. (Ils ont proposé différentes questions *à eux*.)
différentes	adjectif qualificatif fém. plur., qualifiant *questions*.
questions.	substantif commun fém. plur., complément direct de *étaient proposé*.
Nous	pronom personnel 1re pers. plur. des deux genres, sujet de *sommes ri*.
nous	pronom personnel 1re pers. plur. des deux genres, complément direct de *sommes ri*.
sommes ri	verbe d'action, intransitif (réfléchi indirect), 1re pers. plur. du passé indéfini. Le participe *invariable*, parce qu'il n'a pas de complément direct, *nous avons ri en nous* (*).
de	préposition; mot invariable.
vos	article possessif plur. des deux genres, déterminant *menaces*.
menaces.	substantif commun fém. plur., complément indirect de *sommes ri*.

Analysez de même : Les cavaliers qui ont succombé sous vos coups, se sont eux-mêmes attiré leurs malheurs. Ces oiseaux, par leur chant, se sont mutuellement attirés. Vous vous êtes débarrassé l'esprit de vaines inquiétudes. Nous nous sommes débarrassés d'un lourd fardeau. Elles s'étaient captivé votre bienveillance. Elles s'étaient captivées pendant plusieurs jours. Ma sœur, tu t'es disloqué un membre. Cette mécanique s'était disloquée. Vous vous êtes attachés à vos maîtres. Vous vous étiez attaché vos maîtres. Ma cousine, tu t'étais destiné un joli appartement : tu t'étais destinée au cloître. Nous

(*) Les verbes *intransitifs (neutres)* suivants, employés pronominalement, ont toujours le participe invariable, ces verbes n'ayant pas de complément direct : *se plaire, se déplaire, se rire, se sourire, se parler, se succéder, se nuire, se suffire, se convenir,* etc. *La vigne s'est* PLU *dans cet endroit. Les soldats se sont* RI *de ses ordres. Ils se sont* SUFFI *à eux-mêmes. Elles se sont* NUI. *Elles se sont* SUCCÉDÉ, etc.

nous sommes parlé ce matin seulement, et nous nous sommes convenu. Cette dame s'est plainte, elle s'est nui.

Modèles et Exercices d'Analyse sur les participes précédés du pronom elliptique le.

Cette	article démonstratif fém. sing. déterminant *personne.*
personne	substantif commun fém. sing., sujet de *est.*
est	verbe d'état (être), 3e pers. sing. du prés. de l'ind., 2e mode.
plus instruite	adjectif qualificatif fém. sing. au comparatif de supériorité, qualifiant *personne.*
que	conjonction ; mot invariable.
je	pronom personnel, 1re pers. sing. des deux genres, sujet de *avais pensé.*
ne	adverbe de négation ; mot invariable.
l'	pronom elliptique, remplaçant une partie de phrase.
avais pensé.	verbe d'action, transitif (actif), 1re pers. sing. du plus-que-parfait de l'indicatif. Le participe *invariable*, parce que son complément direct *le* représente une partie de phrase qui n'a ni genre ni nombre. Ce n'est point la *personne* que *j'avais pensée*; c'est cela *qu'elle était moins instruite* qu'elle ne l'est.

Cette ville est plus grande que je ne l'avais cru. On dira : *cru*, participe invariable, parce que son complément elliptique *le*, mis pour *cela* (*plus grand que*), n'a ni genre ni nombre. Ce n'est point *la ville que j'ai crue* : ce que j'ai cru, c'est *moins grande* qu'elle ne l'est.

Analysez de même : Cette personne est plus raisonnable que je ne me l'étais figuré ; elle est moins pétulante qu'on ne me l'avait annoncé. Nous avons fait une affaire plus belle que nous ne l'avions espéré. Ces écoliers ont été punis plus sévèrement que vous ne l'aviez pensé. Cette aventure est arrivée comme je l'avais prévu. Ainsi que tu l'avais prédit. Votre tante est plus officieuse que vous ne l'auriez présumé.

La victoire nous a été aussi funeste que nous l'avions pressenti. Cette femme est plus indulgente que je ne l'aurais cru.

Modèles et Exercices d'Analyse sur les participes précédés de le peu de.

Le	article simple masc. sing. déterminant *peu.*
peu	adverbe, pris substantivement.
de	préposition; mot invariable.
pistoles	substantif commun fém. plur., sujet de *encouragent.*
que	pronom relatif des deux genres et des deux nombres, pour *lesquelles pistoles*, complément direct de *avez gagnées.*
vous	pronom personnel, 2ᵉ pers. plur. des deux genres, sujet de *avez gagnées.*
avez gagnées	verbe d'action, transitif (actif), 2ᵉ pers. plur. du passé indéfini. Le participe au féminin et au pluriel, parce que son complément *que*, mis pour *lesquelles pistoles*, est avant le participe. *Le peu de* marque une quantité qui a suffi : ce que les mots *vous encouragent* prouvent. Ce n'est point *le peu*, ce sont *les pistoles* qui vous *encouragent.*
vous	pronom personnel, 2ᵉ pers. plur. des deux genres, complément direct de *encouragent.*
encouragent.	verbe d'action, transitif (actif), 3ᵉ pers. plur. du prés. de l'ind., 2ᵉ mode, 1ʳᵉ conj.
Le	article simple masc. sing., déterminant *peu.*
peu	adverbe de quantité employé substantivement; mot invariable, sujet de *a fait.*
de	préposition; mot invariable.
complaisance	substantif commun fém. sing., complément indirect de peu.
qu'	pronom relatif des deux genres et des deux nombres, complément direct de *montré*, et représentant le mot *peu*, masc. sing.
il	pronom personnel, 3ᵉ pers. masc. sing. sujet de *a montré.*
a montré.	verbe d'action, transitif (actif), 3ᵉ pers. sing. au passé indéfini. Le part. au masc. sing., parce que son complément *que* est mis pour *lequel peu de complaisance.* Les mots *lui a*

	fait tort, prouvent qu'on n'a pas eu de *complaisance*. Ce n'est pas la complaisance qui lui a fait tort, c'est le manque, le défaut de complaisance.
lui	pronom personnel, 3e pers. sing. des deux genres; complément indirect de *a fait tort*.
a fait	verbe d'action, transitif (actif), 3e pers. sing. au passé indéfini, 2e mode, 4e conj.
tort.	substantif commun, masc. sing., complément direct de *a fait*.

Analysez de même : Le peu de provinces que j'ai vues me plaisent. Le peu d'ardeur que tu as montré t'a perdu. Le peu de livres que j'ai lus m'ont donné quelques connaissances. Le peu d'activité que vous avez mise dans cette affaire a suffi pour la faire réussir. Cette affaire est perdue, à cause du peu d'activité que vous y avez mis. Le peu d'attention que tu as apporté à tes leçons te nuira beaucoup. Le peu d'attention qu'il a apportée à ces leçons a suffi pour les lui faire comprendre.

Modèles et Exercices d'Analyse sur les participes précédés du mot en.

Ce	article démonstratif masc. sing., déterminant *général*.
général	substantif commun masc. sing. sujet de *a fait*.
a fait	verbe d'action, transitif (actif), 3e pers. sing. du passé indéfini. Participe *invariable*, parce que son complément direct *plus d'exploits* est placé après lui.
à	préposition ; mot invariable.
lui	pronom personnel, 3e pers. sing. des deux genres.
seul	adjectif qualificatif masc. sing., qualifiant *général*.
plus	adverbe de quantité ; mot invariable.
d'	préposition ; mot invariable.
exploits	substantif commun masc. plur., qui forme, avec le mot *plus*, le complément direct de *a fait*.
que	pronom relatif masc. plur., complément direct de *ont lu*.
d'	préposition ; mot invariable.
autres	pronom indéfini masc. plur.

n'	adverbe de négation, mot invariable.
en	pronom personnel relatif à *exploits*, qu'il renferme en lui.
ont lu.	verbe d'action, transitif (actif), 3e pers. plur. du passé indéfini, 2e mode, 4e conj. Le participe *invariable*, quoique le complément *que* soit placé avant lui : ce complément est renfermé dans le pronom EN : il a fait plus d'exploits que d'autres n'ont lu *de cela*, d'exploits (*).
Cet	article démonstratif, masc. sing., déterminant *homme*.
homme	substantif commun masc. sing., sujet de *a obligé*.
m'	pronom personnel, 1re pers. sing. des deux genres, complément direct de *a obligé*.
a obligé.	verbe d'action, transitif (actif), 3e pers. sing. du passé indéfini, 2e mode, 1re conj. Le participe *variable* selon la personne qui parle, le complément *me* étant placé avant lui. (Une femme écrirait *m'a obligée.*)
Les	article simple plur. des deux genres, déterminant *services*.
services	substantif commun masc. plur., sujet de *pénètrent*.
que	pronom relatif des deux genres et des deux nombres, complément direct de *ai reçus*.
j'	pronom personnel, 1re personne sing. des deux genres, sujet de *ai reçus*.
en	pronom relatif mis pour *de lui*, *homme*, complément indirect de *ai reçus*.
ai reçus	verbe d'action, transitif (actif), 1re pers. sing. du passé indéfini, 2e mode, 3e conj. Le participe *variable*, parce que le mot EN n'est pas mis pour *de cela*, *des services* ; et parce qu'il a son complément direct *que* pour *lesquels services*, placé avant lui (**).

(*) Et de ce peu de jours si longtemps attendus,
Ah! malheureux! combien j'*en* ai *perdus* (RACINE.).

Quand le pronom *en* est précédé d'un adverbe de quantité qu'il détermine, alors il remplace un nom pluriel. C'est comme s'il y avait : *Combien de jours j'ai perdus*. Dans ce cas, le participe varie. (Voyez *Grammaire des Écoles supérieures*.)

(**) Voici un moyen mécanique pour connaître si le participe précédé du mot *en* est variable ou non : si en ôtant de la phrase le pronom *en*, le sens reste le même, le participe est variable; dans le cas contraire, il

me	pronom personnel, 1re pers. sing. des deux genres, complément direct de *pénètrent.*
pénètrent	verbe d'action, transitif, 3e pers. plur. du prés. de l'indicatif, 2e mode, 1re conj.
de	préposition ; mot invariable.
reconnaissance.	substantif commun fém. sing., complément indirect de *pénètrent.*

Analysez de même : Il n'est que trop vrai qu'il y a eu des anthropophages : nous en avons trouvé en Amérique. Votre mère nous a trompés, elle s'en est vantée publiquement. Il crut avoir vu des miracles, et même en avoir fait. L'amour-propre et l'envie s'en étaient emparés. Que de demoiselles j'ai rencontrées dans le jardin ! combien j'en ai vues, qui s'amusaient à cueillir des fleurs ! Alexandre a détruit plus de villes qu'il n'en a fondées. Cette fille avait de grands défauts, l'en avez-vous corrigée? Autant nous avons fait de parties, autant nous en avons gagnées. J'ai vu des savants aimables, mais j'en ai trouvé d'un peu lourds. On ne pouvait pas se plaindre de son administration, quoiqu'elle ne répondît pas aux espérances qu'on en avait conçues.

Modèles et Exercices d'Analyse sur les participes des verbes intransitifs ou neutres.

Les	article simple plur. des deux genres, déterminant *années.*
années	substantif commun fém. plur.
que	pronom relatif, complément d'une préposition sous-entendue (*pendant lesquelles*).
j'	pronom personnel, 1re pers. sing. des deux genres, sujet de *ai vécu.*
ai vécu	verbe d'action, intransitif (neutre). Ce verbe renferme en lui l'action que le sujet fait, et

---

est invariable. *Il nous avait promis plus de services qu'il ne nous en a rendu.* Ici le participe est invariable, parce qu'on ne pourrait pas ôter le mot *en* sans nuire au sens de la phrase. *Je me suis mise au balcon; la pluie m'en a chassée.* Ici le participe est variable, parce qu'on pourrait ôter le mot *en*, et dire : *Je me suis mise au balcon ; la pluie m'a chassée.*

n'a pas la puissance de la transmettre à un autre objet. *Qu'est-ce que j'ai vécu ?* Point de réponse : je n'ai point vécu les *années*, j'ai vécu *pendant* les années. Le participe est *invariable*, puisqu'il n'a pas de complément direct.

dans préposition ; mot invariable.

mon pronom adjectif possessif masc. sing., déterminant *exil*.

exil. substantif commun masc. sing., complément indirect de *ai vécu*.

Les nuits que j'ai soupiré (tournez, *pendant lesquelles*). On dira *soupiré*, participe invariable, parce qu'il n'a pas de complément direct, et que le *que* est sous la dépendance de la préposition *pendant*. On ne soupire pas *des nuits*, on soupire *pendant des nuits*; mais on devra dire : Les vers que vous avez *soupirés*, parce qu'on soupire des vers.

Analysez de même : Les jours qu'ils ont couru. Les jours que cette cheminée a fumé. Ces dames nous ont paru charmantes, elles nous ont plu. Les cinq francs que j'ai acheté ce livre. Les six heures que j'ai dormi. Les heures que nous avons travaillé. Les années que ce prince a régné. Les vingt mille francs que cette métairie a coûté. Tu nous a nui. Cette manière d'enseigner a passé dès qu'elle a paru. Les années que cette femme a langui. Les heures que tu as souffert. Les nuits que le loup a hurlé.

CHAPITRE QUATRIÈME.

DE LA CONSTRUCTION.

47. Il y a deux sortes de constructions : la construction *grammaticale* ou *régulière*, et la construction *figurée* ou *irrégulière*.

48. La construction *grammaticale* ou *régulière* est celle où les mots sont placés selon l'ordre analytique de la pensée, sans omission ni surabondance de mots. Cet ordre exige qu'on range les

mots selon les règles de la grammaire, c'est-à-dire qu'on énonce le sujet en premier lieu, ensuite ses compléments, s'il en a; puis le verbe avec l'adverbe qui le modifie, enfin les compléments du verbe, en énonçant le complément direct le premier.

Voici une phrase construite selon l'ordre régulier :

L'empereur	sujet.
des Français	complément du sujet.
défit	verbe.
complétement	adverbe qui modifie le verbe.
les Autrichiens	complément direct de *défit*.
à la bataille	complément indirect de *défit*.
de Wagram.	complément indirect de *bataille*.

Exemples de construction grammaticale ou régulière. Un vent impétueux du midi renversa hier quelques arbres de mon jardin. Le fils de mon frère étudia l'histoire d'Angleterre. Le lac magnifique de Genève occupe le milieu d'une vallée étendue. Les honneurs et les emplois pleuvaient sur sa tête. La mort surprend souvent les hommes.

---

49. La construction *figurée* ou *irrégulière* est ainsi appelée, parce qu'elle prend une forme, une figure contraire à la construction grammaticale ou régulière ; dans la construction figurée, on ne suit pas l'ordre des mots comme dans la construction grammaticale.

50. La construction peut être figurée de cinq manières : 1° par *ellipse*; 2° par *pléonasme*; 3° par *syllepse* ; 4° par *inversion* ; 5° par *gallicisme*.

Questions.

47. Combien compte-t-on de sortes de constructions? — 48. Qu'est-ce que la construction grammaticale ou régulière? — 49. Qu'est-ce que la construction figurée ou irrégulière? — 50. De combien de manières la construction peut-elle être figurée ?

CHAPITRE CINQUIÈME.

DE L'ELLIPSE.

51. L'*ellipse* est une figure de construction qui a lieu lorsqu'on supprime quelques mots nécessaires à la plénitude de la phrase, mais cependant assez indiqués par ceux qui sont énoncés, pour ne laisser aucune incertitude.

52. L'*ellipse* peut se présenter de plusieurs manières.

53. 1° *Ellipse d'un substantif avant un adjectif employé substantivement.* Tout adjectif employé sans substantif, suppose l'ellipse d'un subtantif qu'il qualifie. Exemples . *Le méchant sera puni de Dieu* : c'est - à - dire *l'homme méchant*, etc. *Que le bon soit toujours camarade du beau* : c'est-à-dire *que l'objet bon soit camarade de l'objet beau.*

Modèles et Exercices d'Analyse.

Le	article simple masc. sing., déterminant *homme* sous-entendu.
sage	adjectif qualificatif masc. sing., employé substantivement, qualifiant *homme*.
est estimé.	verbe d'état, 3e pers. sing. du présent de l'indicatif, 2e mode, 1re conj.
de	préposition ; mot invariable.
Dieu.	substantif propre masc. sing., complément indirect de *est estimé.*

Analysez de même, et trouvez les ellipses des phrases suivantes : Un sot savant est plus sot qu'un sot ignorant. Il n'est point de degré du médiocre au pire. L'honnête est inséparable du juste. Si les vivants vous intimident, qu'avez-vous à craindre des morts ? Dans tous les genres, le mauvais fourmille, et le bon est rare. Le juste est préférable à l'utile. L'audacieux ne réussit pas toujours. L'Italien est subtil. L'Espagnol est rusé. L'imbécille est le jouet de la société. Les menteurs disent quelquefois la vérité. Heureux qui sait mêler l'agréable à l'utile! Nous avons trois temps principaux : le présent, de passé et le futur. Le propre des belles actions est d'attirer le respect et l'estime. Il est de faux dévots ainsi que de faux braves. La nature ne demande que le nécessaire. La raison veut l'utile. L'amour propre recherche l'agréable. La passion exige le superflu.

Le sage, en ses desseins,
S'est servi des fous pour arriver à ses fins.

---

54. 2° *Ellipse d'un substantif avec un autre substantif.* Tout substantif qui ne dépend d'aucun mot de la phrase, et qui est précédé d'une préposition, suppose l'ellipse d'un autre substantif dont il est le complément indirect. Exemple : *Des auteurs célèbres se sont servis de cette locution* : c'est-à-dire *une portion des auteurs célèbres*, etc.

Modèles et Exercices d'Analyse.

Gagnerez- verbe d'action, transitif (actif), 2e pers. plur. du futur simple, 2e mode, 1re conj.

vous pronom personnel, 2e pers. plur. des deux genres, sujet de *gagnerez*.

votre pronom adjectif possessif sing. des deux genres, déterminant *procès*.

procès? substantif commun masc. sing., complément direct de *gagnerez*.

C' pronom démonstratif, sujet de *est*.

est verbe d'état (être), 3e pers. sing. du présent de l'indicatif, 2e mode, 4e conj.

de préposition ; mot invariable.

droit. substantif commun masc. sing., complément indirect du substantif *chose*, sous-entendu (c'est *une chose* de droit).

Analysez de même, et trouvez les ellipses des phrases suivantes : Des barbares ont soutenu que le Tasse avait l'esprit aliéné. Des souverains avaient quelquefois abusé du pouvoir. C'est avec raison que les philosophes ont appelé la mort le plus grand des biens. C'est d'obligation. On nourrissait dans le Capitole des oies et des chiens sacrés. Des soldats ont eu la lâcheté de fuir devant l'ennemi. Nous ne pouvions jeter les yeux sur les deux rivages, sans apercevoir des villes opulentes, des maisons de campagnes agréablement situées.

---

55. 3° *Ellipse de l'adjectif ou du participe (présent ou passé).* L'adjectif et le participe, employés comme attributs, sont souvent ellipsés ; dans ce cas ils ont leur complément indirect exprimé. Exemples : *Ces enfants sont d'un bon naturel :* c'est-à-dire *doués*, etc. *Ces prix sont des exhortations au travail :* c'est-à-dire *portant*, etc.

Modèles et Exercices d'Analyse.

Ces	article démonstratif plur. des deux genres, déterminant *médicaments.*
médicaments	substantif commun masc. plur., sujet de *sont pourvus*, sous-entendu.
sont	verbe d'état (le participe passé est sous-entendu), 3e pers. plur. du présent de l'indicatif, 2e mode, 4e conj.
d'	préposition ; mot invariable.
une	article simple fém. sing. déterminant *efficacité.*
grande	adjectif qualificatif sing., qualifiant *efficacité.*
efficacité.	substantif commun fém. sing., complément indirect de *sont pourvus.*

Analysez de même, et trouvez les ellipses des phrases suivantes : Toutes les pensées de l'homme frivole sont au plaisir. Les chevaliers romains portaient un anneau d'or pour marque de leur dignité. Chez les Anciens, on distribuait aux convives des couronnes de fleurs. Dussé-je, après dix ans, voir mon palais en cendres. Il est homme à vous assommer. La mort est le remède à tous les maux. Les places sont à six francs. Se dérober lorsqu'on est à l'heure de la mort, c'est oublier qu'on est homme. Alexandre était d'assez petite taille. L'étude est un remède à l'ennui. Cet élève est d'un esprit méchant. Je suis tout à votre service. Paris est sur les bords de la Seine. Les combattants en sont aux mains. Ce professeur est d'une patience étonnante. Cet habit est à la française. Il danse à l'anglaise. Chez ces grands cousus d'or, l'humanité n'est guère. Ce service est au-dessus de toute récompense. S'étonner est du peuple, admirer est du sage. Il est d'un méchant naturel de mal parler des autres.

---

56. 4° *Ellipse du sujet, du verbe et des pronoms.* Souvent le verbe à l'impératif annonce l'ellipse du sujet. Le pronom relatif employé sans antécédent, annonce une ellipse. Il peut encore y avoir ellipse du sujet, quand les verbes sont employés au même temps. Exemples : *Soyons amis, Cinna* : c'est-à-dire *nous soyons amis*, etc. *L'insouciance produit l'inertie, et cause souvent notre perte* : c'est-à-dire *et elle cause*, etc. *Qui ne travaille pas est inutile à la société* : c'est-à-dire *l'homme qui ne travaille pas*, etc.

Modèles et Exercices d'Analyse.

Est	verbe d'état (être), 3e pers. sing. Son sujet est *homme*, sous-entendu (*l'homme* est bien fou qui).
bien	adverbe ; mot invariable.
fou	adjectif qualificatif masc. sing., qualifiant *homme*.
qui	pronom relatif sing. masc., sujet de *fie*.
se	pronom pers. réfléchi des deux genres et des deux nombres, complément direct de *fie*.
fie	verbe d'action, transitif (réfléchi), 3e pers. sing. du présent de l'indicatif, 2e mode, 1re conj.

à	préposition; mot invariable.
lui.	pronom pers., 3e pers. sing., complément indirect de *fie*.

Analysez de même, et trouvez les ellipses des phrases suivantes : Qui fait la charité avec plaisir, rachète ses péchés. Soyons modestes. Je suis pauvre, et content. A qui mal veut, mal arrive. Qui adore Dieu, aime ses parents. Il est beau de mourir maître de l'univers. Partez quand il vous plaira. Demeurons ici, car qui court après la fortune souvent ne l'attrape pas. Tu te présentes, et obtiens la place. Cet événement me surprit et ne m'affligea pas. Régulus se rendit au sénat, et parla contre l'échange des prisonniers. Qui perd, pèche. Qui fait des heureux mérite de l'être.

---

57. 5o *Ellipse du verbe.* Tout sujet exprimé dans une phrase, substantif ou pronom, exige un verbe. Exemples : *Les jeunes gens vivent d'espérance, et les vieillards de crainte. Jeunes gens* sujet de *vivent*; *vieillards* sujet d'un verbe sous-entendu : *les vieillards vivent de crainte. La complaisance fait des amis, et la vérité des ennemis. Complaisance* sujet de *fait*; *vérité* sujet du verbe sous-entendu : *la vérité fait des ennemis.*

Modèles et Exercices d'Analyse.

Nulle	pronom indéfini sing. fém., déterminant *paix*.
paix	substantif commun sing. fém., sujet de *est* sous-entendu, *nulle paix n'est existant pour l'impie.*
pour	préposition; mot invariable.
l'	article simple masc. sing., déterminant *impie*.
impie;	substantif commun sing. masc., complément indirect de *est existant* sous-entendu.
il	pronom personnel 3e pers. masc. sing., sujet de *cherche*.

la	pronom personnel 3e pers. sing. fém., complément direct de *cherche.*
cherche,	verbe d'action, transitif (actif), 3e pers. sing. du présent de l'indicatif, 2e mode, 1re conj.
elle	pronom personnel 3e pers. sing. fém., sujet de *fuit.*
fuit.	verbe d'action, intransitif (neutre), 3e pers. sing. au présent de l'indicatif, 2e mode, 2e conj.

Analysez de même, et trouvez les ellipses des phrases suivantes : Voici des fleurs : celles-ci sont pour toi, et celles-là pour ta sœur. Cet homme peint comme Apelles, il déclame comme Talma. La vie est courte, et la gloire éternelle. J'ai deux fils : l'un est actif, l'autre paresseux. Leurs mœurs sont semblables, leur langage différent. Son courage, son intrépidité étonne les plus braves. La Bourgogne, ainsi que la Champagne, produit des vins excellents. Autre temps, autres mœurs. Si vous aimiez le jeu et le repos, vous ne seriez jamais heureux. Nos premières pensées doivent être pour Dieu, nos secondes pour la patrie, et nos troisièmes pour nos parents. Tel père, telle mère, tels enfants. Votre frère ou vous, vous partirez. Ernest ou Jules, ira à la chasse.

---

58. 6o *Ellipse des compléments directs ou indirects.* Il arrive souvent que le complément indirect d'un verbe transitif (actif), est sous-entendu. Exemples : *J'ai écrit à votre père :* c'est-à-dire *une lettre*, etc. *Le bonheur appartient à qui fait des heureux :* c'est-à-dire *à celui qui fait*, etc.

Modèles et Exercices d'Analyse.

Appelez	verbe d'action, transitif (actif), 2e pers. plur. de l'impératif 4e mode, 1re conj. Son sujet est *vous* sous-entendu. Son complément direct est *la personne* sous-entendu.

qui pronom relatif des deux genres et des deux nombres.

vous pronom personnel 2e pers. plur. des deux genres, sujet de *voudrez*.

voudrez. verbe d'action, transitif (actif), 2e pers. plur. du futur simple, 2e mode, 3e conj. Son complément direct est *appeler* sous-entendu.

Analysez de même, et trouvez les ellipses des phrases suivantes : Éclairez à monsieur. Faites du bien à qui vous pourrez. Parmi ces fleurs, choisissez celles que vous voudrez. Tu iras à la ville et tu achèteras ce que tu voudras. J'ai envoyé savoir de vos nouvelles. Cet homme a un air vénérable qui en impose. J'ai cueilli des pêches ce matin, j'en ai mangé. Faites-nous connaître qui vous a trompé? Cette personne a obtenu toutes les grâces qu'elle a voulu. Nous avons fait toutes les démarches que nous avons dû. Turenne a gagné plus de batailles que d'autres n'en ont lu. Quand l'avare ouvre la main pour prendre, on dirait un ressort qui vient de se détendre.

---

59. 7o *Ellipse du sujet, du verbe et du complément.* Un complément direct employé sans verbe transitif (actif), annonce une ellipse; de même un complément indirect employé sans un verbe ou un adjectif ou un substantif, annonce une ellipse de verbe. Exemples : *Quand viendrez-vous ? demain. Demain* annonce l'ellipse du sujet et du verbe : *je viendrai demain. Que demandez-vous? votre estime. Votre estime* annonce l'ellipse du sujet et du verbe : *je demande votre estime. Turenne était aussi habile que modeste :* c'est-à-dire *qu'il était modeste. Il nous aurait donné toutes les assurances que nous aurions voulu :* sous-entendu, *qu'il nous donnât. Que désirez-vous de moi? la récompense que vous m'avez promise :* c'est-à-dire *je désire la récompense, etc.*

Exercices d'Analyse.

Trouvez les ellipses des phrases suivantes : Que vouliez-vous qu'il fît contre trois? qu'il mourût. Que cherchez-vous? Mon canif, que j'ai perdu. Elle nous aurait donné tous les secours que nous aurions voulu. Vous nous avez loués et récompensés généreusement. L'honnête homme est recherché de tout le monde, et l'homme puissant de ceux-là seuls qui ont besoin de lui. La sagesse est plus précieuse que l'or. Ainsi parla le loup, et flatteurs d'applaudir. Serviteurs, dit-il, et de courir. Courage, mes amis ! la victoire est certaine. Quel genre de mort termina la vie d'Annibal? Le poison. Curius était aussi incorruptible qu'invincible.

---

60. 8° *Ellipse de la préposition et de son complément.* Il y a ellipse de la préposition, toutes les fois que le substantif, ou l'adjectif, ou le verbe n'est ni le sujet, ni l'attribut, ni le complément d'un mot exprimé dans la phrase. Exemples : *Les deux heures que j'ai dormi, m'ont fait du bien :* c'est-à-dire *pendant lesquelles. Le premier qui vit un chameau, s'enfuit à cet objet nouveau :* c'est-à-dire *à la vue de.*

. . . . Certain âge accompli,
Le vase est imbibé, l'étoffe a pris son pli :

c'est-à-dire *après certain âge. Ma fille est partie la tristesse dans l'âme :* c'est-à-dire *avec la tristesse. La belette ne pouvait sortir par le même trou qu'elle était entrée :* c'est-à-dire *par lequel elle était entrée. Je vais jouer, danser :* c'est-à-dire *je vais pour jouer, pour danser. La lecture finie, chacun se retira :* c'est-à-dire *après la lecture finie. Il partit pour combattre et vaincre l'ennemi :* c'est-à-dire *pour combattre et pour vaincre. Il arriva* *dans le trouble et le désordre* : c'est-à-dire *dans le trouble et dans le désordre. Il s'avança le pistolet à la main* : c'est-à-dire *avec le pistolet. Il paraît dormir* (*) : c'est-à-dire *il est semblant dormir.*

Exercices d'Analyse.

Trouvez les ellipses des phrases suivantes : Pensez-vous qu'il réussît sans mon intervention? C'est selon. Les deux mois que j'ai travaillé chez vous. Nous demeurons à Paris, rue Saint-Honoré. J'ai suivi un cours commercial tout l'hiver. Mon thème fini, je l'ai expliqué. Cet homme charmait tout le monde par sa douceur et sa bonté. Des années que ce prince a régné. Cet enfant semble mieux travailler. Jésus-Christ est venu nous sauver. Le jour arrivé, nous montâmes en voiture. Dans la fortune et la prospérité. Les années qu'on a passé dans l'oisiveté et la paresse. Ce méchant homme s'élança sur nous, la fureur dans les yeux. Ces deux emplois sont beaux; mais je les voudrais pour quelque doux et discret ami.

---

61. 9° *Ellipse d'une proposition entière.* La proposition interrogative suppose l'ellipse d'une autre proposition qui la précède. Exemples : *Quand partirez-vous enfin?* c'est-à-dire *je demande quand vous partirez. Où avez-vous acheté ces livres?* c'est-à-dire *je demande où vous avez acheté ces livres.* La préposition dépendant de la conjonction *que* exprimée, ou d'une autre proposition exprimant l'idée d'un souhait, annonce l'ellipse d'une proposition entière. Exemples : *Dieu*

(*) Les verbes intransitifs (neutres) ne peuvent avoir de complément direct. Quand ils sont suivis d'un infinitif sans préposition, la préposition est sous-entendue, ou l'infinitif est en opposition de l'attribut (participe présent) renfermé dans le verbe; dans ce cas, la préposition est souvent difficile à trouver.

dit que la lumière soit : c'est-à-dire *je veux que la lumière soit. Puissent tous vos projets réussir* : c'est-à-dire *je souhaite que tous vos projets réussissent. Que n'entreprenez-vous cet édifice*? c'est-à-dire *dites-moi pourquoi vous n'entreprenez pas*, etc.

Exercices d'Analyse.

Trouvez les ellipses des phrases suivantes : Que l'ennemi paraisse, il sera battu. Quelle guerre intestine avons-nous allumée. Plaise à Dieu que vous fassiez un bon voyage. Quelle grammaire étudiez-vous? Dussiez-vous périr dans ce voyage, il faut que vous le fassiez. Que vos vœux soient exaucés. Avez-vous reçu ma réponse? Que vous veut cet homme? Puissent tous vos amis vous sauver de ce mauvais pas! Que je meure si je manque à l'honneur.

Exercices généraux d'Analyse sur les Ellipses.

Il demande de l'ouvrage, et prie Dieu de n'en point trouver. Tu partiras, et reviendras. Partez, et revenez au plus vite. Je suis de ses amis. L'Europe n'est pas aussi grande que l'Asie. On a toujours raison, le destin toujours tort. L'âme des femmes coquettes n'est pas moins fardée que leur visage. La faiblesse est plus opposée à la vertu que le vice. Se vaincre est d'un héros, pardonner est d'un Dieu. Le véritable savant est modeste. L'imbécile sera toujours méprisé. Le pauvre n'est pas si pauvre qu'on le pense. Votre ami est charmant. Je pense, donc je suis. Elle demeure à Paris, boulevard du Temple. Je suis riche, et toi pauvre. Sa bonté, son pouvoir, sa justice sont immenses. Ni l'un ni l'autre ne sera nommé ambassadeur à Saint-Pétersbourg. Il est d'un roi de défendre ses états. Autre pays, autres usages. La vertu est d'un grand prix. Il est d'un jeune homme d'écouter les avis de ses maîtres. Une parole, un sourire gracieux, un regard me suffit. Ce chapeau est à l'anglaise. Le devoir avant tout, et le plaisir après. Connaissez-vous de plus beau dévouement? Vous, seigneur, imposteur! Le moyen de lui résister? Malheur à l'impie! Silence! Quels contes! Et le lièvre de courir. On l'a vendu six louis. Il dort toute la nuit. A tout péché miséricorde. Avocat, au fait. Adieu, fi du plaisir que la crainte peut corrompre! Qui peut compter sur l'avenir? Le luxe, de même qu'un torrent, renverse et entraîne tout. L'injustice ou l'envie seule oserait lui disputer sa gloire.

Questions.

51. Qu'est-ce que l'ellipse? — 52. L'ellipse peut-elle se présenter de plusieurs manières? — 53. Qu'est-ce que l'ellipse d'un substantif avant un adjectif employé substantivement? — 54. Qu'est-ce que l'ellipse d'un substantif avant un autre substantif? — 55. Qu'est-ce que l'ellipse de l'adjectif ou du participe présent ou passé? — 56. Qu'est-ce que l'ellipse du sujet, du verbe et des pronoms? — 57. Qu'est-ce que l'ellipse du verbe? — 58. Qu'est-ce que l'ellipse des compléments directs ou indirects? — 59. Qu'est-ce que l'ellipse du sujet, du verbe, du complément? — 60. Qu'est-ce que l'ellipse de la préposition et de son complément? — 61. Qu'est-ce que l'ellipse d'une proposition entière?

CHAPITRE SIXIÈME.

DU PLÉONASME.

62. Le *pléonasme* est le contraire de l'ellipse : dans celui-ci on supprime des mots nécessaires à la plénitude de la phrase, mais dont on peut aisément suppléer la valeur ; le *pléonasme* ajoute des mots superflus qui pourraient être retranchés sans nuire au sens. Ainsi *pléonasme* veut dire *surabondance;* il peut figurer dans la phrase, ou comme *sujet*, ou comme *complément* (direct ou indirect), oucomme *attribut*.

Modèles et Exercices d'Analyse sur les pléonasmes en sujets.

Moi, pronom personnel 1re pers. sing. des deux genres, *sujet répété par pléonasme*.

je pronom personnel 1re pers. sing. des deux genres. sujet de *craindrais*.

vous pronom personnel 2e pers. plur. des deux genres, complément indirect de *craindrais*.

craindrais. verbe d'action, transitif (actif), 1re pers. sing. du conditionnel présent, 3e mode, 4e conj.

Toi, pronom personnel 2e pers. sing. des deux genres, *sujet répété par pléonasme*.

tu pronom personnel 2e pers. sing. des deux genres, sujet de *tromperais*.

me pronom personnel 1re pers. sing. des deux genres, complément indirect de *tromeprais*.

tromperais. verbe d'action, transitif (actif), 2e pers sing. du conditionnel présent, 3e mode, 1re conj.

Vous, pronom personnel 2e pers. plur. des deux genres, *sujet répété par pléonasme*.

vous pronom personnel 2e pers. plur. des deux genres, sujet de *oseriez*.

oseriez verbe d'action, transitif (actif), 2e pers. plur. du conditionnel présent, 3e mode, 1re conj.

nous pronom personnel 1re pers. plur. des deux genres, complément direct de *trahir*.

trahir. verbe d'action, transitif (actif), au présent de l'infinitif, 1er mode, 2e conj.

Lui, pronom personnel 3e pers. sing. masc., *sujet répété par pléonasme*.

il pronom personnel 3e pers. sing. masc., sujet de *aime*.

vous pronom personnel 2e pers. plur. des deux genres, complément direct de *aime*.

aime. verbe d'action, transitif (actif), 3e pers. sing. du présent de l'indicatif, 2e mode, 1re conj.

Eux, pronom personnel 3e pers. plur. masc., *sujet répété par pléonasme*.

ils pronom personnel 3e pers. plur. masc., sujet de *injurient*.

nous pronom personnel 1re pers. plur. des deux genres, complément direct de *injurient*.

injurient. verbe d'action, transitif (actif), 1re pers. plur. du présent de l'indicatif, 2e mode, 1re conj.

Manger,	verbe d'action, transitif (actif), au présent de l'infinitif employé intransitif, *sujet répété par pléonasme.*
jouer,	verbe d'action, intransitif, au présent de l'infinitif, *sujet répété par pléonasme.*
dormir,	verbe d'action, intransitif, au présent de l'infinitif, *sujet répété par pléonasme.*
c'	pronom démonstratif, sujet de *est.*
est	verbe d'état (*être*), 3e pers. sing. du présent de l'indicatif, 2e mode.
leur	article possessif sing., déterminant *bonheur.*
bonheur.	substantif commun mas. sing., employé en attribut.

Analysez de même : Mais ce n'est pas moi seul qui l'ai fait périr, c'est la justice; oui, la justice. Moi je vous l'ai donné pour vous plaire.

Mathan, d'ailleurs, Mathan, ce prêtre sacrilége,
Plus méchant qu'Athalie, à toute heure l'assiége.

Lui, mon ennemi! Ce qui soutient le plus la santé, c'est la tempérance. Nous, nous sommes des parjures! Je vais, moi-même, recueillir ses ordres. Je n'essaierai point de vous peindre la douleur que nous ressentons, ma fille et moi. Pénélope et moi, nous avons perdu l'espérance de le revoir. Taire un secret, oublier une injure, sont deux choses difficiles. Lui, jamais il n'avait entendu parler de nous. Le pire des états, c'est l'état d'anarchie. Elle y alla, elle-même. Se plaire dans tous les lieux, c'est le secret du sage. Un chef intelligent vaut lui seul une armée. Cet enfant est-il instruit? Estimer quelqu'un, et lui donner toute sa confiance, c'est l'égaler à soi. Lequel des deux fut le plus habile capitaine, Alexandre ou César?

Modèles et Exercices d'Analyse sur les pléonasmes en complément (direct ou indirect).

Quoi !	interjection, mot invariable.
vous	pronom personnel 2e pers. plur. des deux genres, sujet de *injuriez.*

m'	pronom personnel 1re pers. sing. des deux genres complément direct de *injuriez.*
m'injuriez,	verbe d'action, transitif 2e pers. plur. du présent de l'indicatif, 2e mode, 1re conj.
moi.	pronom personnel 1re pers. sing des deux genres, *complément direct répété par pléonasme.*
Moi	pronom personnel 1re pers. sing. des deux genres, *complément direct répété par pléonasme.*
et	conjonction mot invariable.
vous,	pronom personnel 2e pers. plur. des deux genres, *complément direct répété par pléonasme.*
on	pronom indéfini, 3e pers. sing, sujet de *accuse.*
nous	pronom pers. 1re pers. plur. des deux genres, complément direct de *accuse.*
accuse.	verbe d'action transitif, 3e pers. sing. du présent de l'indicatif, 2e mode, 1re conjugaison.
Elle	pronom personnel 3e pers. fém. sing., sujet de *blâma.*
les	pronom pers. 3e pers. plur. des deux nombres, complément direct de *blâma.*
blâma,	verbe d'action, transitif, 3e pers. sing. du prétérit défini, 2e mode, 1re conjugaison.
eux	pronom personnel 3e pers. pluriel masc., *complément direct répété par pléonasme.*
et	conjonction mot invariable.
ses	article possessif plur. des deux genres, déterminant *parents.*
parents.	substantif commun masc. plur., *complément direct répété par pléonasme.*
Eh!	interjection mot invariable.
que	pronom interrogatif indéterminé.
t'	pronom personnel 2e pers. sing. des deux genres, complément indirect de *importe.*
importe	verbe d'action, intransitif, 3e pers. du sing. du présent de l'indicatif, 2e mode, 1re conj.
à	préposition, mot invariable.
toi	pronom personnel, 2e pers. sing. des deux genres, *complément indirect répété par pléonasme.*
que	conjonction mot invariable.
je	pronom personnel, 1re pers. sing. des deux genres, sujet de *périsse.*
périsse.	verbe d'action, intransitif, 1re pers. sing. du présent du subjonctif, 5e mode, 2e conj.
Que	pronom interrogatif indéterminé.
nous	pronom personnel 1re pers. plur. des deux genres, complément indirect de *font.*

font	verbe d'action, intransitif, 3e pers. plur. du présent de l'indicatif, 2e mode, 4e conj.
à	préposition mot invariable.
nous	pronom personnel 1re pers. plur. des deux genres, *complément indirect répété par pléonasme.*
ces	adjectif démonstratif plur. des deux genres, déterminant *calomnies.*
infâmes	adjectif qualificatif fém. plur., qualifiant *calomnies.*
calomnies.	substantif commun fém. plur., sujet de *font.*

Analysez de même : Votre père et moi, nous nous sommes estimés. Il les a trempées, ses mains, dans le sang de son frère. Pénélope, ne nous voyant revenir, ni lui ni moi, n'aura pu résister à tant de prétendants. Je vous le confie, à vous que j'estime. Voudriez-vous me tromper, moi, votre ami? Vous et moi, il nous accuse de mensonge. Je vous crois, vous que je reconnais vrai. Je l'estime, elle qui est vertueuse. Ce qu'on donne aux méchants, toujours on le regrette. On les punit, lui et ses complices. Que nous ont fait, à nous, ces hommes que nous poursuivons de notre haine. On leur a pardonné leurs sottises. Vous vous accusâtes vous-même de cette faute. O mon ami, tu t'es vaincu toi-même. Se mettre en colère, c'est se punir soi-même. Voudriez-vous nous perdre, nous, vos parents? Il ne me plaît pas, moi. Eh! que m'a fait, à moi, cette Troie où je cours? Je l'ai vu de mes yeux. Je l'ai entendu de mes propres oreilles. Puissé-je de mes yeux y voir tomber la foudre! Qu'on ne laisse monter aucune âme là-haut. Vous m'accusez, moi, votre meilleur ami.

Pour les pléonasmes d'attribut, voyez *l'Analyse Logique raisonnée.*

Question.

62. Qu'est-ce que le pléonasme.

CHAPITRE SEPTIÈME.

DE LA SYLLEPSE.

63. La *syllepse* est une figure de syntaxe qui permet que les mots soient employés selon notre pensée, plutôt que selon l'usage de la construction grammaticale. Elle consiste à faire accorder un mot, non avec celui auquel il se rapporte grammaticalement, mais avec celui qui lui correspond dans la pensée. C'est par la *syllepse* qu'on met quelquefois au singulier ce qui devrait être au pluriel, ou au pluriel ce qui devrait être au singulier. L'emploi de la syllepse est très heureux dans cette phrase de La Bruyère : *Une femme infidèle, si elle est connue pour telle de la personne intéressée, n'est qu'infidèle; s'il la croit fidèle, elle est perfide.* Grammaticalement on écrirait : *Si elle la croit fidèle. Elle* représenterait le mot *personne* féminin singulier. Mais l'auteur a employé *il* par syllepse; c'est un tour élégant et fort bon, parce que ce mot n'est pas le mot *personne* qui reste à l'esprit, c'est l'idée d'*homme*, de *mari*. Racine a aussi très heureusement fait usage de cette figure dans les vers suivants :

Entre le *pauvre* et vous, vous prendrez Dieu pour juge,
Vous souvenant, mon fils, que, caché sous ce lin,
Comme *eux* vous fûtes pauvre et comme *eux* orphelin.

En analysant, on dira : *comme eux* pour *comme lui*, par syllepse; Racine aurait dit : *comme lui*, car *lui* se rapporte à *pauvre*, masculin singulier.

Exercices d'Analyse.

Expliquez les syllepses des phrases suivantes :
L'homme juste est seul de son parti ; mais il porte en

lui-même un témoignage qui le dispense de ceux des autres. Joue-t-on Tancrède? personne ne m'en dit rien. Réussit-elle? est-elle tombée?

> Ah! mon frère, aux Hébreux ne vous présentez pas!
> Le peuple révolté demande votre vie :
> Le nom de Mariane excite leur furie;
> De vos mains, de ces lieux ils viennent l'arracher.

Il était absurde de se battre, pour venger l'injure d'un autre, contre quelqu'un, qui ne vous avait pas offensé. Une foule de jeunes gens se perdent par la lecture des mauvais livres. Beaucoup de malheurs arrivent par notre faute. Un philosophe a-t-il du plaisir? demanda Lucinde. Il n'en a qu'un, celui de les mépriser tous. Cette phrase et celles qui la suivent deviennent claires. L'influence du luxe se répand sur toutes les classes de l'État, même sur celle du laboureur. Cette métaphore a le vice que nous avons remarqué dans les autres. Tout pauvre qu'il est, il possède un trésor que je préfère à tous les vôtres. D'un espoir renaissant le peuple est enivré. Leur espoir les trompait. Que d'hommes l'orgueil a égarés. Les époques des révolutions le sont encore des révélations. J'aime donc sa victoire, et je le puis sans crime.

Question.

63. Qu'est-ce que la syllepse ou synthèse?

CHAPITRE HUITIÈME.

DE L'INVERSION.

64. L'*inversion* ou *hyperbate* consiste dans le déplacement des mots qui composent une phrase. Ainsi il y a *inversion* toutes les fois que les mots ne sont pas placés selon la construction grammaticale.

65. L'inversion peut avoir lieu de différentes manières.

66. 1° *Inversion du sujet du verbe.* Exemple :

Ainsi périt cet homme prodigieux dont la France vénérera toujours le nom.

c'est-à-dire *cet homme prodigieux périt ainsi.* En analysant on dira : *homme*, sujet inverse de *périt.*

67. 2° *Inversion du complément indirect du sujet.* Exemple :

De la raison humaine la marche est chancelante ;

c'est-à-dire *la marche de la raison humaine est chancelante.* En analysant on dira : *raison*, complément indirect et inverse du sujet *marche.*

68. 3° *Inversion du sujet et du complément direct.* Exemple :

Que peuvent contre Dieu tous les rois de la terre ?

c'est-à-dire *tous les rois de la terre peuvent quelle chose contre Dieu ?*

69. 4° *Inversion du complément, de l'adjectif ou du participe.* Exemples :

A vos amis soyez toujours fidèle ;

c'est-à-dire *soyez toujours fidèle à vos amis.* En analysant, on dira : *amis* complément indirect et inverse de l'adjectif *fidèle.*

De sa robe flottante l'œil suit les plis mouvants.

c'est-à-dire *l'œil suit les plis mouvants de sa robe flottante.* On dira . *robe,* compl. ind. et inverse de *mouvants.*

70. 5° *Inversion de l'adverbe.* Exemple :

Quelle joie est celle que maintenant le Ciel nous envoie !

c'est-à-dire *celle que le Ciel nous envoie maintenant.* On dira : *maintenant*, adverbe placé par inversion, modifiant *envoie.*

71. 6° *Inversion du complément direct du verbe.* Exemple :

Si j'ai plus tôt qu'aucun, un tel moyen trouvé ;

c'est-à-dire *si j'ai trouvé plus tôt un tel moyen.* On dira : *moyen*, compl. direct et inverse.

Quelle faute vous avez commise !

c'est-à-dire *vous avez commis quelle faute !*

Mes enfants ! je les aime, je les chéris ;

c'est-à-dire *j'aime eux, je chéris eux.*

72. 7° *Inversion du complément indirect.* Exemples :

Au rang des sénateurs il est encore admis ;

c'est-à-dire *il est encore admis au rang des sénateurs.*

Laissez-moi, je veux lui couper les deux oreilles ;

c'est-à-dire *je veux couper les deux oreilles à lui.*

73. Une seule phrase peut renfermer plusieurs inversions. Il y en a trois dans celle-ci :

Que peuvent contre Dieu tous les rois de la terre ?

1° inversion du sujet *rois*; 2° du compl. direct *que*; 3° du compl. ind. *contre Dieu : tous les rois de la terre peuvent quelle chose contre Dieu?*

Exercices d'Analyse.

Trouvez les inversions des phrases suivantes : De la compassion les chagrins innocents font sentir la puissance. La colère ne sert à rien où manque le pouvoir. De nos premiers ans l'habitude est puissante. A mes yeux s'offrent des sites agréables. Nous nous étions plaints de sa conduite. Ici reposent les cendres de mon adorable épouse. Concentré dans ma famille, je goûtais le bonheur; accessible à un petit nombre d'amis, dans le monde j'allais peu. Ce tendre fils nous donnait tous les jours des marques de son affection. Nées au sein de l'obscurité, les vertus ne résident point dans l'opulence. Confuse d'un pareil éloge, je baissai modestement les yeux. Nous nous inclinâmes pour le remercier de la bonne opinion qu'il avait de nous.

Le cours ne fut pas long d'un empire si doux.
S'il faut, pour l'obtenir, que tes genoux j'embrasse.
Si je puis n'avoir plus cet obstacle à combattre.
Mais au vrai zèle aussi n'allez pas faire injure.
Sur les mondes détruits le temps dort immobile.
Vous vous consoleriez de leur perte aisément.
Toujours la tyrannie a d'heureuses prémices.
Les coursiers du soleil à sa voix sont dociles.
On se plaît à les voir s'observer et se craindre.
Il se ranime alors, il le pousse, il le presse,
Valois régnait encore, et ses mains incertaines
De l'état ébranlé laissaient flotter les rênes.
Déjà pour satisfaire à votre juste crainte,
J'ai couru les deux mers que sépare Corinthe.
Quelle importune main, en formant tous ces nœuds,
A pris soin, sur mon front, d'assembler mes cheveux?
Du temple tout à coup les voûtes retentirent.

Questions.

64. Qu'est-ce que l'inversion ou hyperbate? — 65. L'inversion peut-elle avoir lieu de plusieurs manières? — 66. Citez un exemple de l'inversion du sujet du verbe. — 67. Citez un exemple de l'inversion du complément indirect du sujet. — 68. Citez un exemple de l'inversion du sujet et du complément direct. — 69. Citez un exemple de l'inversion du complément, de l'adjectif ou du participe. — 70 Citez un exemple de l'inversion de l'adverbe. — 71. Citez un exemple de l'inversion du complément direct du verbe. — 72. Citez un exemple de l'inversion du complément indirect. — 73. Une seule phrase peut-elle renfermer plusieurs inversions?

CHAPITRE NEUVIÈME.

DU GALLICISME.

74. On appelle *gallicismes* les idiotismes français: les gallicismes sont des locutions adoptées par l'usage, quoiqu'elles ne soient pas conformes aux principes de la grammaire; aussi n'est-il guère possible de les analyser.

Chacun a son opinion, est un gallicisme d'euphonie. En analysant on dira : *son* pour *sa*, par gallicisme; grammaticalement on devrait dire *chacun a sa opinion.*

Vous avez beau dire, est un gallicisme, où l'usage permet d'altérer l'intégrité de la phrase, pour y mettre de la brièveté; grammaticalement on dirait : *vous avez beau sujet de dire.*

On voit tous les jours quelque chose de nouveau; c'est-à-dire *quelque chose de nouveau genre.*

Nous venons d'arriver; c'est-à-dire *nous venons d'arriver dans le moment.*

Vous allez partir; c'est-à-dire *vous partirez dans le moment.*

Il y a des hommes qui; c'est-à-dire *des hommes sont, qui.*

Il viendra deux de mes amis; c'est-à-dire *deux de mes amis viendront.*

C'est un péché de mentir; c'est-à-dire *mentir est un péché.*

Il fait beau; c'est-à-dire *le beau temps a lieu.*

Il me faut mille francs; c'est-à-dire *mille francs me manquent.*

75. Certains verbes, comme *falloir*, se décomposent toujours par *être nécessaire, convenable, indispensable, inévitable.*

Il faut mourir; c'est comme si l'on disait : *il,* ou

cela (mourir) est inévitable ou *cela est inévitable (l'homme mourir).*

Il faut de l'argent, du vin; c'est-à-dire *cela, un peu du métal argent est nécessaire à lui; une provision de l'espèce du vin est nécessaire à lui.*

Il a les cheveux châtain-clair; c'est-à-dire *il a des cheveux colorés d'un genre châtain-clair.*

Il me tarde; c'est-à-dire *le temps tarde à moi de.*

Il ne tient qu'à vous de rester; c'est-à-dire *l'action de rester ne tient qu'à vous.*

Il est un temps pour le jeu; c'est-à-dire *un temps est destiné pour le jeu.*

Ce furent les Phéniciens qui inventèrent l'art de la navigation; c'est-à-dire *les peuples qui inventèrent l'art de la navigation, ces peuples furent les Phéniciens.*

Ce que je crains, c'est son arrivée; c'est-à-dire *cette chose que je crains, cette chose est son arrivée.*

Cet enfant ne laisse pas de s'amuser; c'est-à-dire *cet enfant ne laisse pas l'action de s'amuser.*

Il n'y a que vous qui soyez capable de cela; c'est-à-dire *aucun être n'existe si ce n'est vous qui soyez capable de cela.*

C'est un crime de trahir son ami; c'est-à-dire *l'action de trahir son ami est un crime.*

Il y a beaucoup de mérite à savoir se taire; c'est-à-dire *beaucoup de mérite consiste à savoir se taire.*

Nous sommes loin de Paris; c'est-à-dire *nous sommes placés* ou *parvenus loin de Paris.*

C'est peu d'être un héros; c'est-à-dire *la gloire d'être un héros est peu de chose.*

Il neige; c'est-à-dire *il (le ciel) neige.*

Il nous faut étudier; c'est-à-dire *il (l'action d'étudier) est dans nos intérêts.*

Il y va de mon salut; c'est-à-dire *il* (*l'affaire*) *de mon salut va là.*

C'est à vous à parler; c'est-à-dire (*le tour arrivé à parler*) *est à vous.*

76. La lecture des bons auteurs, l'exercice et l'habitude, feront mieux sentir les sens des gallicismes que l'analyse, qui, presque toujours, échoue contre les difficultés de cette figure de syntaxe.

Questions.

74. Qu'est-ce que le gallicisme? — 75. Citez quelques autres exemples de gallicismes. — 76. Quel est le meilleur moyen de connaître le sens des gallicismes?

FIN.

TABLE.

A.

C.

E.

F.

G.

I.

M.

N.

P.

S.

V.

FIN DE LA TABLE.

PARIS, Imprimerie d'Hippolyte TILLIARD, rue St-Hyacinthe-St-Michel, 30.

EXTRAIT DU CATALOGUE GÉNÉRAL

De la Librairie de Pitois-Levrault et Cie,

EDITEURS DE L'ECHO DES ÉCOLES,

Journal de la Société d'Emulation,

ET DE L'ANGE GARDIEN.

Tous ces ouvrages se trouvent solidement cartonnés.

Abrégé de la Grammaire populaire, par Ch. Martin. 1 vol. in-18. 60 c.
Analyse grammaticale raisonnée, par le même. in-12. 80 c.
Analyse logique raisonnée, par le même. in-12. 80 c.
Arithmétique des écoles primaires. in-32. 30 c.
Arithmétique raisonnée, par Baget. 1 vol. in-12. 1 fr. 50 c.
Art d'enseigner la langue française, par Ch. Martin. 1 vol. in-12. 1 fr. 75 c.
Atlas pour les écoles primaires, accompagné de tableaux élémentaires de géographie. 1 fr. 50 c.
Atlas pour les écoles, accompagné de 24 tableaux élémentaires de géographie. in-4. 4 fr.
Aventures de Télémaque. 1 vol. in-12. fig. 1 fr.
Catéchisme historique de Fleury. 1 vol. in-12. 60 c.
Cours pratique de cosmographie et de géographie, par MM. Ch. Martin et Édouard Braconnier. 1 vol. in 18. 90 c.
Dictionnaire grammatical, critique et philosophique, par Vanier. 1 vol. in-8. 6 fr.
Eléments de dessin linéaire. 60 c.
Enseignement du Calcul mental, par Ferber. 1 vol. in-12. 1 fr. 25 c.
Épitres et évangiles, précédés de prières pendant la messe, et des vêpres et complies du dimanche. 50 c.
Étrennes grammaticales ou les Pourquoi et les Parce que de la langue française. 1 vol. in-18. 1 fr. 50 c.
Fables de La Fontaine. 1 vol. in-18. 60 c.
Feuille, exemples d'écritures assorties. 15 c.
Géométrie pratique des écoles primaires, par Lespin. 1 vol. in-12. avec planches. 1 fr. 25 c.
Grammaire populaire pratique, par Ch. Martin. 68e édition. in-12. 1 fr. 25 c.
Grammaire pratique de Vanier. 1 vol. in-12. 75 c.
Grammaire française de Lhomond. 50 c.
Guide de l'instituteur primaire pour l'enseignement du calcul et plus particulièrement du système métrique, par C. Ferber. 1 vol. in-12. 1 fr. 25 c.
Histoire de France (Résumé de l'), par Ch. Martin. 1 vol. in-12. 1 fr. 25 c.
Histoire de Napoléon, racontée par Maître-Pierre, par M. Ottavi. 1 vol. in-18. (*Sous presse.*)
Histoires Bibliques à l'usage des salles d'asile, 1 vol. in-18. 25 cent.
La clef des participes, par Vanier. 1 vol. in-12. 1 fr. 50 c.
La conscience d'un enfant ou Morale et Religion. 1 vol. in-18. 20 c.
La Morale en action. 1 vol. in-12. 1 fr.
L'art d'enseigner à lire aux enfants ainsi qu'aux adultes, par V. A. Vanier. 1 vol. in-12. 30 c.
Leçons graduées de lectures manuscrites, par Ch. Martin. 1 vol. in-12. 75 c.
Le complément des études sur la langue française, ou Rhétorique pratique des écoles primaires. 3e édition, par Ch. Martin, partie du maître. 1 vol. in-12. 1 fr. 75 c. partie de l'élève. 1 vol. in-12. 1 fr.
Lectures morales et récréatives, par Ch. Martin. 1 vol. in-12. 90 c.
Les participes réduits à une seule règle, par Vanier. 50 c.
Le livre de famille ou méthode de lecture. 30 c.
Même méthode en tableaux. 1 fr.
Livre d'instruction morale et religieuse, in-12. 1 fr. 50 c.
Méthode de lecture, p. Abria. 1 v. in-18. 15 c.
Nouveau dictionnaire français, par Ch. Martin, d'après la dernière édition de l'Académie, précédé des participes réduits à une seule règle, par Vanier. in-32. 1 fr. 25 c.
Nouveaux éléments de grammaire en 48 leçons, par Peigné. 1 fr. 25 c.
Nouveaux tableaux de grammaire, par M. A. Peigné. 48 tableaux. 5 fr.
Petit Fablier des écoles primaires, in-18. 60 c.
Petite géographie populaire, par Ch. Martin et Édouard Braconnier. 60 c.
Petite morale de l'écolier. 1 vol. in-18. 10 c.
Petits contes pour les enfants. 90 c.
Premières lectures françaises, par Willm. in-12. 1 fr.
Principes d'écritures, contenant 25 planches, par Marprez. 1 fr. 60 c.
Recueil de fac-simile de toutes espèces d'écritures. in-8. 1 fr.
Recueils de discours propres aux examens et distributions de prix, par Ch. Martin. 1 fr. 50 c.
Recueil de 64 modèles d'écritures anglaise et ronde, par Schœntzlen. 90 c.
Récompenses aux enfants sages et studieux. 1 fr. 50 c. les 15 vol. br.

Titres des ouvrages de cette collection : *Dieu. L'Enfant qui prie. L'Orage. Le Cadeau du jour de naissance. Le Trésor. Le Pain. La Chapelle de la forêt. Le Père pieux. Le Bien est récompensé. L'Aigle et le Pigeon. Le Frère et la Sœur. La prière. Le Ver luisant.*

Second Livret de lecture. 1 vol. in-18. 20 c.
Syllabaire, premier livret de lecture. in-12. 30 c.
Tableau synoptique des 4 conjugaisons, à finales rouges, sur deux feuilles Jésus, avec des radicaux rouges, et un livret d'instruction. 5 fr.
Tableaux de lecture, par Abria. 1 fr. 40 c.
Vocabulaire de la langue française, par Ch. Martin : 3e édition. in-12. 75 c.

www.ingramcontent.com/pod-product-compliance
Lightning Source LLC
LaVergne TN
LVHW020416230826
846091LV00004B/1297